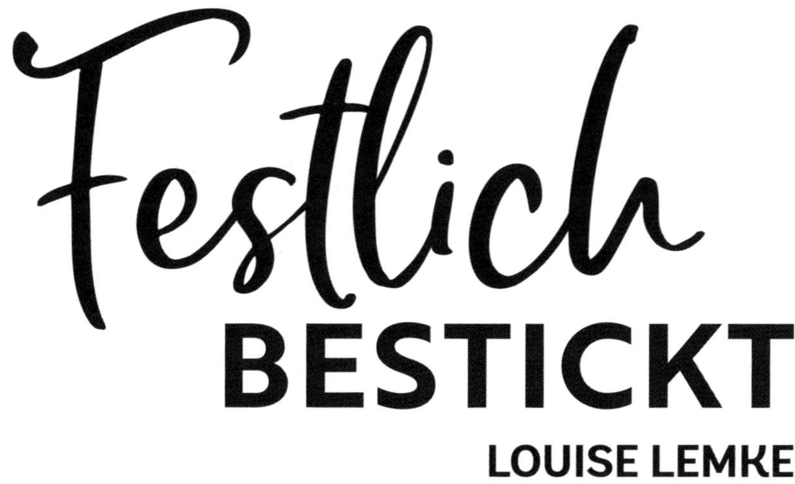
Festlich
BESTICKT
LOUISE LEMKE

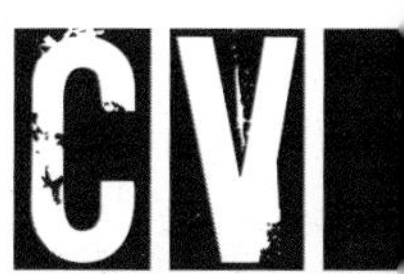
CV

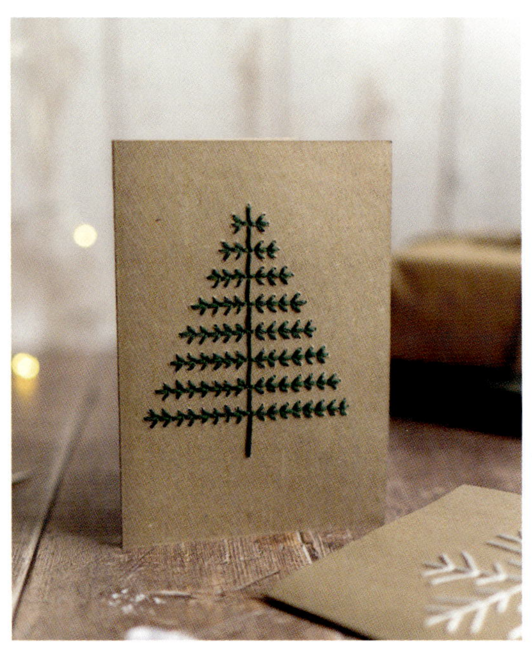

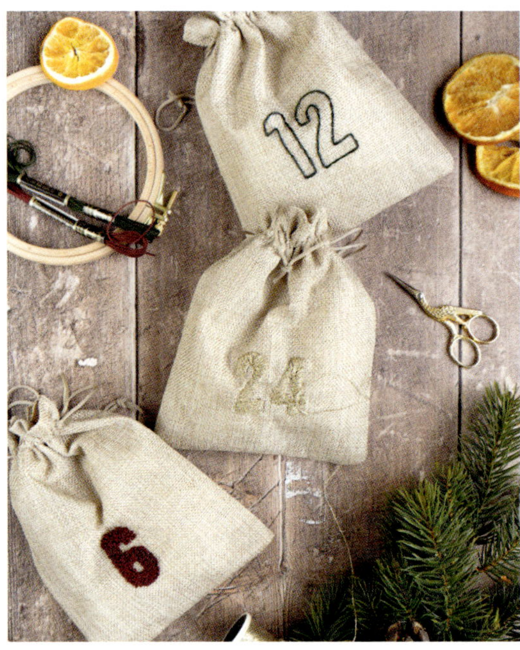
12
24
6

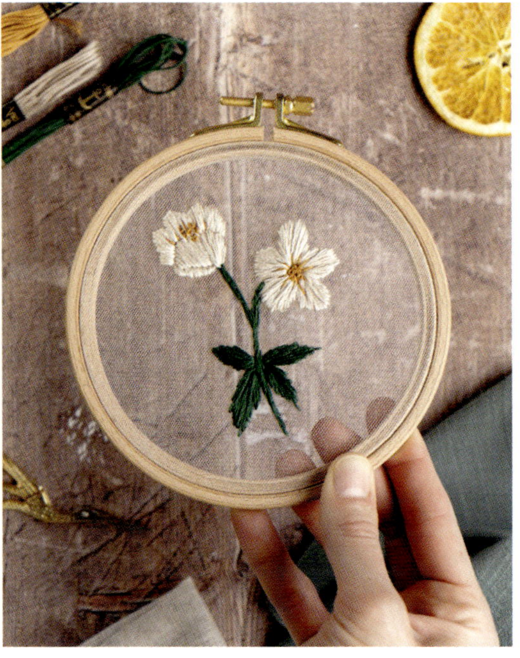

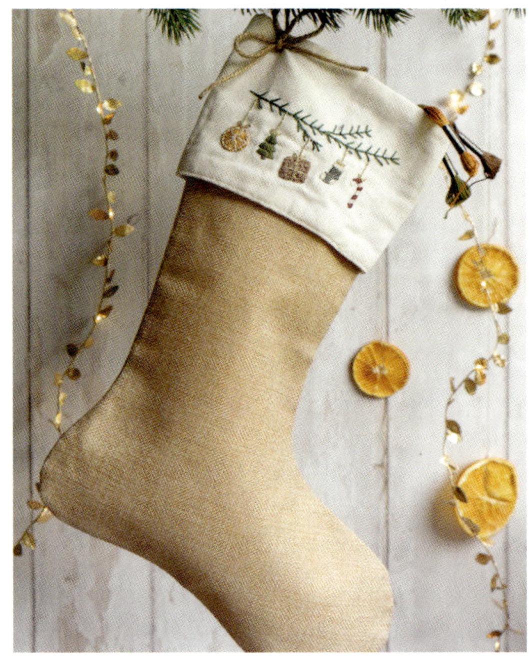

Inhalt

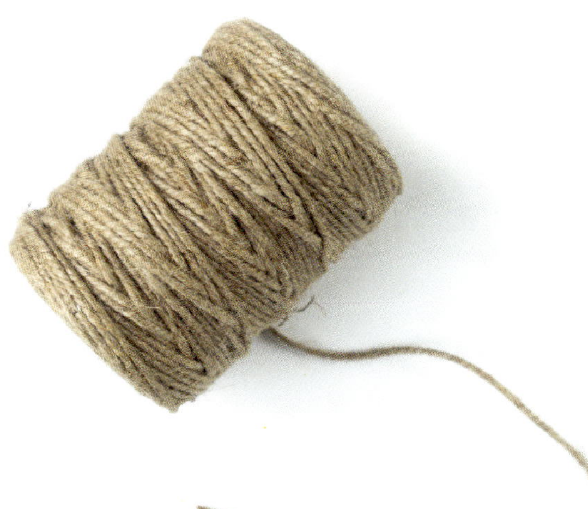

Über die Autorin

DER KREATIVE KOPF HINTER DEM BUCH

LOUISE

Ich bin Grafikdesignerin, Kreativ-Bloggerin, Mama und Autorin des Buches „Liebevoll bestickt".

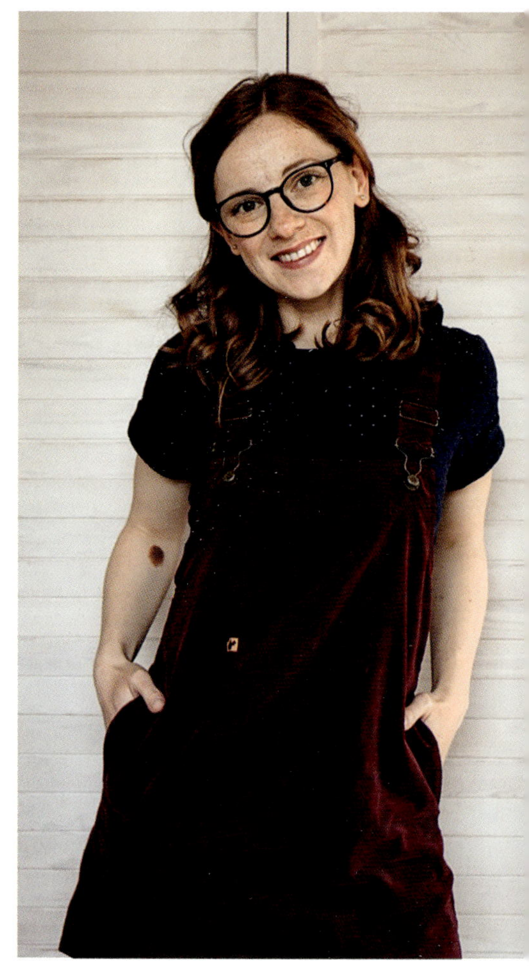

In meiner Familie wurde schon immer kreativ gearbeitet. Meine Eltern haben mir von Anfang an das Nähen und die kreative Arbeit nahegebracht. Wirklich intensiv mit dem Nähen und Sticken angefangen habe ich vor rund zehn Jahren. Mittlerweile habe ich ein eigenes Label Lieselou und veröffentliche Anleitungen, Videotutorials und Vorlagen für Stickanfänger*innen auf meinem Blog und auch auf Etsy.

Kreativ sein, Menschen inspirieren und Wissen vermitteln! Genau das möchte ich! Aus diesem Grund schreibe ich Bücher und entwickele Konzepte sowie Anleitungen für große Marken aus der Handarbeitsbranche wie Prym, Makerist, Snaply, Burda und Pfaff.

BESUCH MICH AUF INSTAGRAM
@LIESELOU.DIY

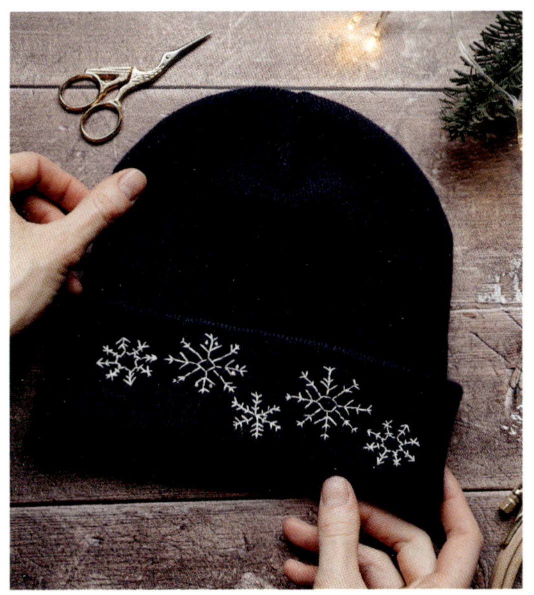

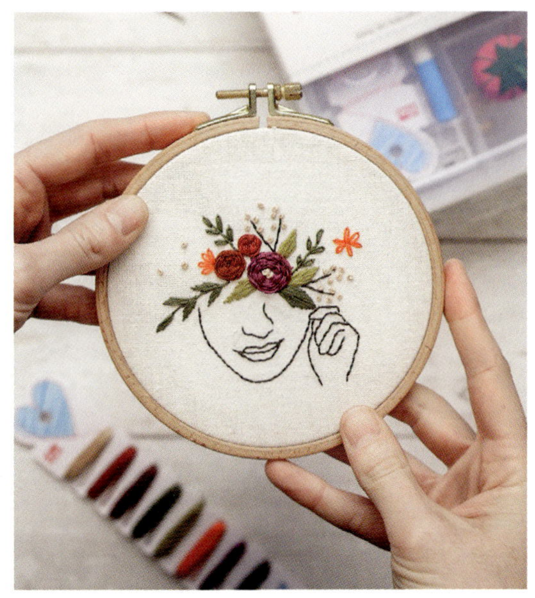

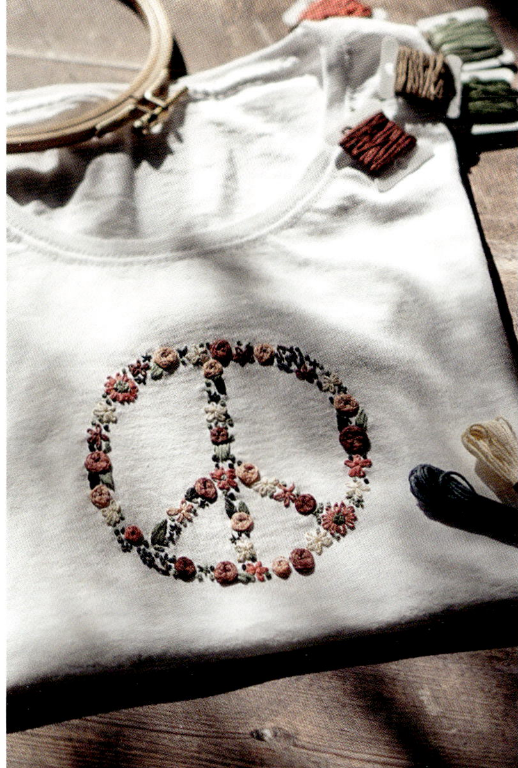

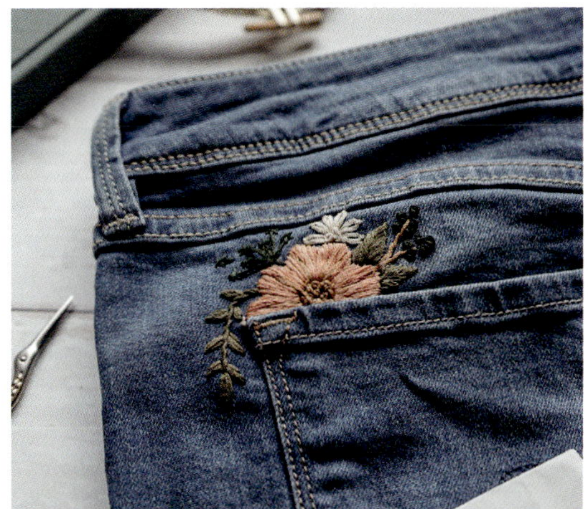

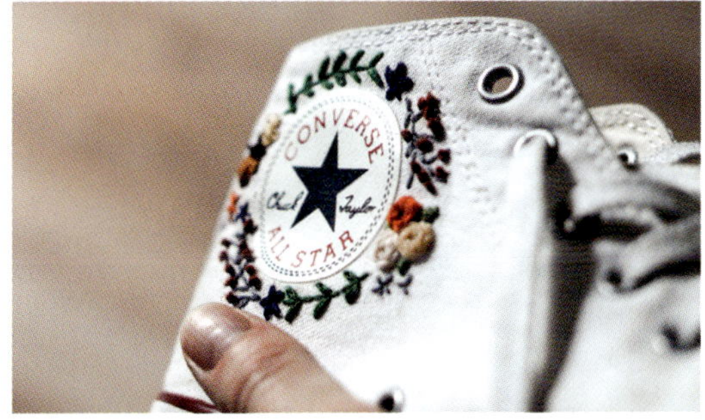
CONVERSE
Chuck Taylor
ALL STAR

GRUNDLAGEN & Technik

Welche Stoffe eigenen sich?

Grundsätzlich kann man sagen, dass sich fast alle Stoffe besticken lassen. Bei manchen funktioniert das sehr gut, bei anderen braucht man ein wenig Übung. Soll deine Stickerei auf ein Kleidungsstück oder einen Gebrauchsgegenstand gestickt werden, solltest du darauf achten, die Rückseite durch ein Innenfutter oder ein Vlies zu schützen, da sonst die Möglichkeit besteht, dass sich einzelne Fäden lösen und deine Arbeit auseinanderfällt.

Webware

Dieses Material ist besonders gut zum Sticken geeignet. Das gleichmäßige Gewebe aus Längs- und Querfäden ist besonders stabil. Webware bezeichnet alle nicht dehnbaren Stoffe. Sie ist also nicht elastisch und behält so seine Form, wie z. B. Musselin, Popeline oder der für Jeansstoff typische Köper. Auch Stoffschuhe, Taschen und Rucksäcke sind aus Webware hergestellt und eignen sich besonders gut für eine kleine Stickerei.

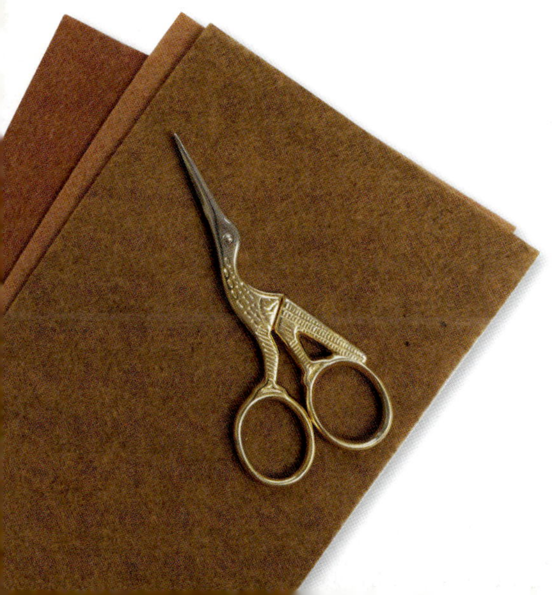

Maschenware

Elastische Stoffe wie Jersey und Sweat brauchen ein bisschen mehr Beachtung. Maschenware besteht aus Garnschlingen, die ineinander verschlungen werden. Das macht das Material elastisch. Hier solltest du darauf achten, den Faden nicht zu stark anzuziehen, und lange Stiche vermeiden. Das Ergebnis könnte von deinem Kleidungsstück abstehen und sich gegebenenfalls verhaken. Für die Rückseite empfehle ich dir hier immer, ein Vließ aufzubügeln. Das verhindert das Auflösen deiner Stickerei und verschließt auch störende Knötchen, die auf der Haut reiben können.

Strick und Wolle

Beim Sticken auf Strickware solltest du unbedingt darauf achten, den Faden nicht so stark anzuziehen. Das Material ist sehr elastisch. Wenn du die Stiche zu straff setzt, kann beim Tragen oder Anziehen deines Kleidungsstücks der Faden reißen. Es macht sich ebenfalls gut, wenn du für Strickware auch einen entsprechend dickeren Faden wie Wolle, z. B. Strickgarn verwendest. So kann der Faden nicht so leicht durch die großen Maschen rutschen.

Filz

Im Gegensatz zu Webstoffen franst Filz nicht aus. Es lässt sich einfach verarbeiten und ist in vielen Farben und Stärken erhältlich.

MATERIAL & ZUBEHÖR

Stickgarn

Es gibt viele unterschiedliche Stickgarne. Baumwoll-Sticktwist, Perlgarn, Metallicgarn oder auch Wolle.

Für die Projekte in diesem Buch verwende ich hauptsächlich Baumwoll-Sticktwist. Das Garn ist für die meisten Stickarbeiten hervorragend geeignet. Es besteht aus sechs einzelnen Fäden, die miteinander verzwirnt werden. Das Garn kann als ganzer Strang oder auch einzeln verarbeitet werden. Je weniger Fäden, desto filigraner wird die Arbeit.

Perlgarn hingegen kann nicht getrennt werden. Es wird allerdings in verschiedenen Stärken angeboten. Eine weitere Eigenschaft ist seine glänzende Oberfläche.

Farbechtheit prüfen

Achte darauf, dass du gerade bei der Arbeit mit Kleidungsstücken ein qualitativ hochwertiges Garn verwendest. Billige Garne sind oft nicht farbecht und können bei der Wäsche abfärben. Teste die Echtheit ggf. auf einem kleinen Stück Stoff.

Stickrahmen

Der Stickrahmen hilft dir dabei, das Gewebe glatt und straff zu halten, damit es sich nicht zusammenzieht. Die Rahmen gibt es in vielen Formen und unterschiedlichen Größen. Der Stickrahmen ist besonders für Anfänger*innen ein wichtiges Hilfsmittel, kann aber bei sehr stabilen Stoffen auch weggelassen werden. Du solltest die Größe so wählen, dass möglichst das ganze Motiv in den Rahmen passt.

Nadeln

Welche Nadel ist die richtige? Es gibt eine ganze Reihe unterschiedlicher Nadeln in verschiedenen Längen und Stärken, mit langem oder kurzem Öhr, Nadeln mit Spitze oder ohne.

Nadel mit Spitze

Eine spitze Nadel hat ein längliches Öhr und eine scharfe Spitze, sie eignet sich besonders gut für Webware.

Nadel ohne Spitze

Eine stumpfe Nadel hat meist ein breiteres Öhr und ist etwas dicker als spitze Nadeln. Sie ist vorne stumpf und wird für elastische Stoffe wie Jersey verwendet.

Schere

Eine Stickschere gehört zur Grundausstattung, wenn du sticken möchtest. Sie ist klein und spitz und somit perfekt geeignet, um Fäden möglichst dicht und präzise abzuschneiden. Auch eine Stoffschere ist hilfreich.

Nützliche Helfer

Trickmarker
Diese Stifte gibt es in unterschiedlichen Farben und Stärken. Sie enthalten eine Tinte, die nach einer gewissen Zeit verblasst. Diese Stifte sollten also nicht verwendet werden, wenn du mehrere Tage an deinem Projekt arbeitest. Sie werden auch Phantomstift oder Sublimatstift genannt.

Markier- & Löschstift
Die Tinte dieser Stifte verschwinden beim Waschen.

Hitzestifte
Tintenroller mit thermosensitiver Tinte. Die Farbe verschwindet bei Einwirkung von Hitze, wie z. B. durch den Föhn oder das Bügeleisen. Ich verwende gern den Frixion Ball Pen von Pilot.

Kreidestift
Für Markierungen auf dunklen Stoffen bestens geeignet. Nach der Arbeit lassen sie sich einfach mit der Rückseite wegradieren oder wegwischen.

Transferpapier
Zum Übertragen der Vorlage auf den Stoff. Sowohl für helle als auch für dunkle Stoffe verfügbar.

Spindeln für Garn
Diese solltest du mit der Farbnummer beschriften.

Aufbewahrungsboxen
Eignen sich perfekt für die Spindel und das Kleinzubehör.

Maßband und Lineal

Fingerhut

Nadelgreifer

Stecknadeln und Stoffklammern

Textilkleber

Bügeleisen

Weitere nützliche Helfer

Wasserlössliches Vlies
Zum Übertragen von Vorlagen. (Solufix)

Elastische Bügeleinlage
Zum Schutz der Rückseite von elastischen Stoffen. (H609)

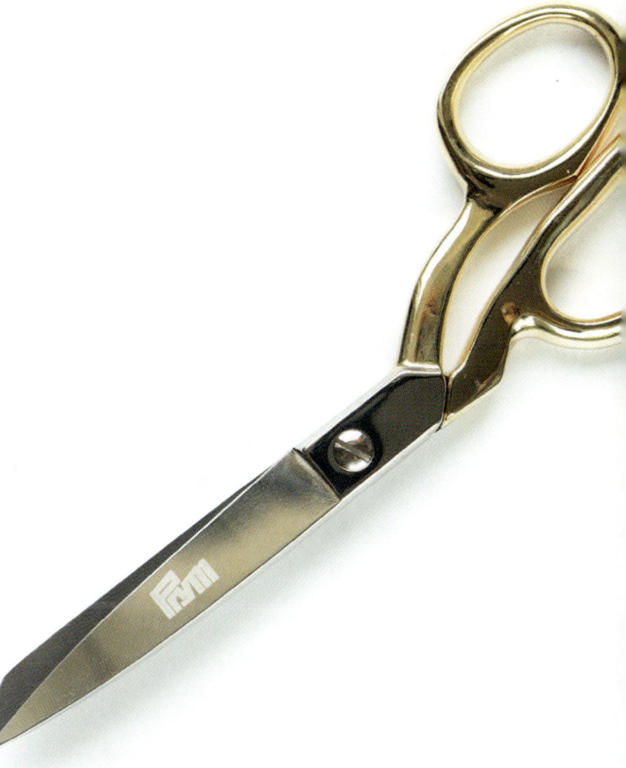

TECHNIK & STICKSTICHE

Vorlage verkleinern / vergrößern

Um ein Motiv zu verkleinern oder zu vergrößern, erstellst du mit dem Fotokopierer eine Kopie und wählst, um wie viel Prozent du das Motiv verändern möchtest.

Vorlage übertragen

Für das Übertragen der Motive gibt es unterschiedliche Möglichkeiten.

Gegen eine Lichtquelle zeichnen

Am besten funktioniert das, wenn du die Vorlage zusammen mit dem Stoff vor eine Fensterscheibe hältst. Dafür sollte es draußen Tag sein. Diese Technik eignet sich für helle und dünne Stoffe.

Transferpapier

Hier legt man das Transferpapier zwischen den Stoff und die zu übertragende Vorlage. Anschließend wird das Motiv mit einem stumpfen Gegenstand nachgezeichnet und so übertragen. Dazu sollte zuerst eine Kopie der Vorlage gemacht werden, da das Papier beim Übertragen reißen kann.

Wasserlösliches Vlies

Das Vlies auf die Vorlage legen und das Motiv abpausen. Anschließend auf die gewünschte Stelle kleben und nach der Arbeit auswaschen.

Bügeln

Kleidungsstücke mit einer Stickerei sollten immer von der Rückseite gebügelt werden. Das Bügeleisen auf empfohlene Temperatur des Kleidungsstücks einstellen und mit Dampf bügeln. Die Stickerei sollte mit wenig Druck und ohne Reibung gebügelt werden, damit sie nicht zerquetscht.

Stickrahmen spannen

Dafür öffnest du die Schraube und trennst die beiden Ringe. Anschließend wird der Stoff über den inneren Ring gelegt und der äußere Ring mit der Schraube übergestülpt. Achte darauf, dass der Stoff dabei möglichst glatt liegt und leicht unter Spannung steht.

Sticken ohne Stickrahmen

Ist das Material sehr fest wie z. B. Canvas oder Jeans, benötigst du keinen Stickrahmen. Hier solltest du aber darauf achten, die Fäden nicht zu fest anzuziehen, da sich dein Stickbild sonst verziehen kann. Bei dünneren Stoffen empfehle ich ein Stickvlies für mehr Stabilität.

Arbeit mit dem Faden

Faden teilen

Schneide ein ca. 40-50 cm langes Stück Garn ab. Teile an einem Ende die Fäden in die gewünschte Zahl und ziehe sie heraus. Es empfiehlt sich, die Fäden einzeln herauszuziehen und zur gewünschten Stärke zusammenzulegen.

Stickerei beginnen

Schneide ein ca. 25 cm langes Stück Sticktwist zu. An einer Seite bindest du einen Knoten. Das andere Ende fädelst du durch das Nadelöhr deiner Sticknadel.

Stickerei beenden

Wenn du einen Stich beenden möchtest, kannst du auf der Rückseite entweder einen Knoten binden oder den Faden mit dem letzten Stich vernähen. Dieser Trick empfiehlt sich, wenn die Rückseite möglichst flach sein soll. Anschließend den Faden abschneiden.

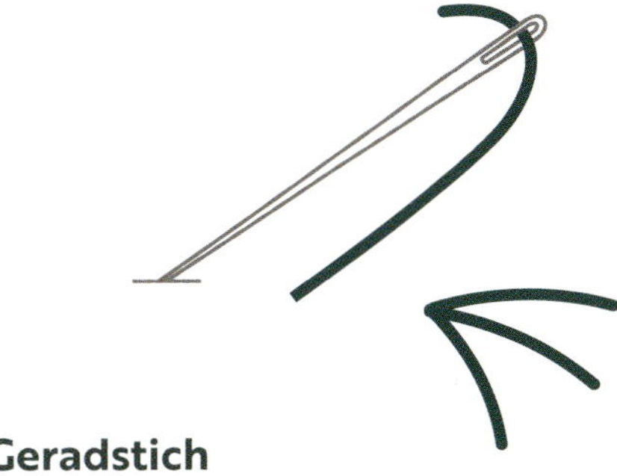

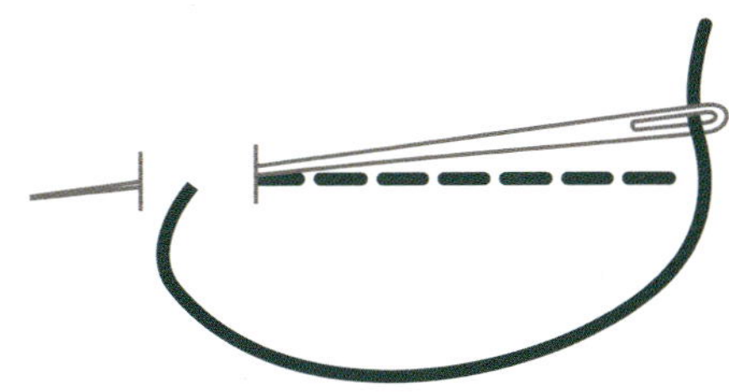

Geradstich

Die Nadel von unten nach oben durch den Stoff stechen und in dem gewünschten Abstand wieder von oben nach unten in den Stoff stechen.

Rückstich

Er besteht aus gleichlangen Stichen, die auf der Vorderseite zurück und auf der Unterseite nach vorne gestochen werden. Die Nadel ein paar Millimeter vor dem Anfangspunkt von unten nach oben durch den Stoff stechen. Die Nadel dann von oben nach unten wieder durch den Anfangspunkt stechen.

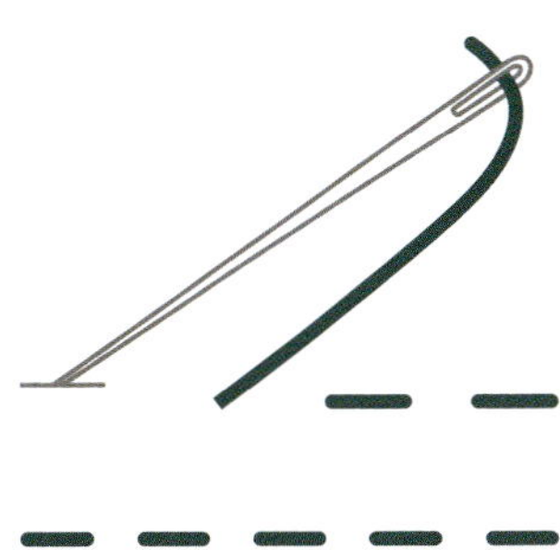

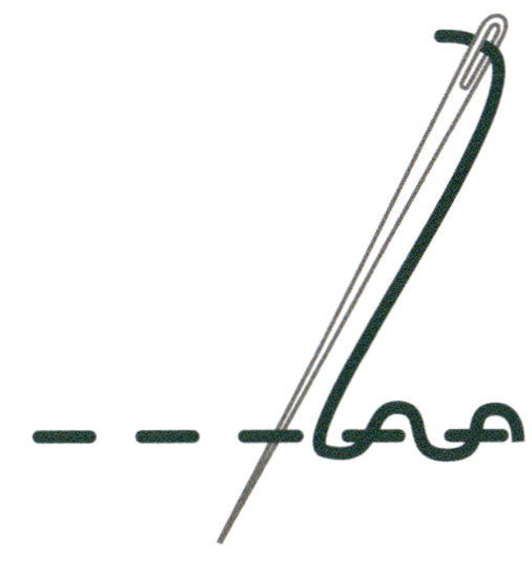

Vorstich

Die Nadel von unten nach oben durch den Stoff stechen. Am nächsten Punkt von oben nach unten und in gleichmäßigen Abständen weiterführen. Diese Technik nennt man auch Heftstich.

Umwickelter Vorstich

In gleichmäßigen Abständen die Nadel von oben nach unten durch den Stoff und wieder zurück stechen. Die Nadel dann einmal von unten nach oben durch den Stoff stechen und dann immer von der gleichen Seite durch die zuvor gesetzten Schlaufen der Vorstiche ziehen. Dabei nicht in den Stoff stechen.

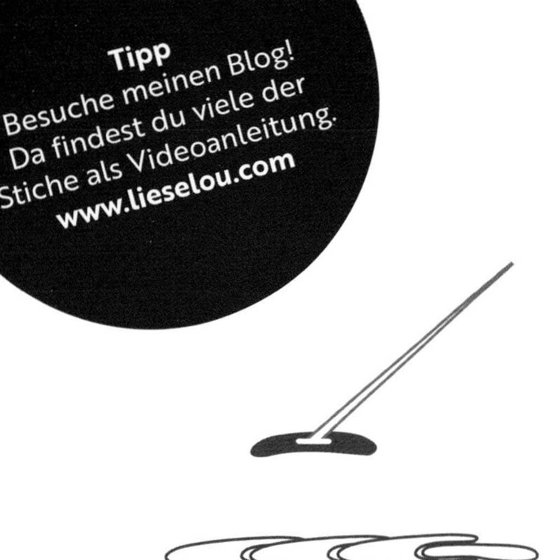

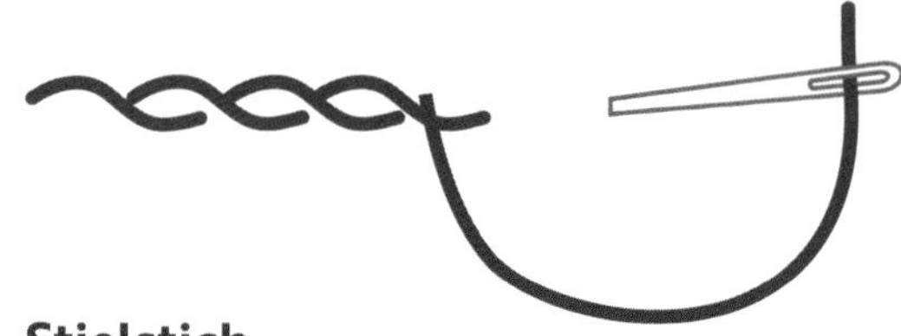

Spaltstich

Die Nadel von unten nach oben durch den Stoff stechen. Am nächsten Punkt von oben nach unten. Im nächsten Schritt wird die Nadel nach der Hälfte des vorherigen Stichs von unten nach oben mitten durch das Garn gestochen.

Stielstich

Die Nadel am Anfang von unten nach oben durch den Stoff stechen. Anschließend einen großen Stich nach vorne und die Nadel von oben nach unten durch den Stoff führen. Bei der Hälfte des langen Stiches kommt die Nadel dann wieder nach oben.
(Der Faden wird nicht geteilt)

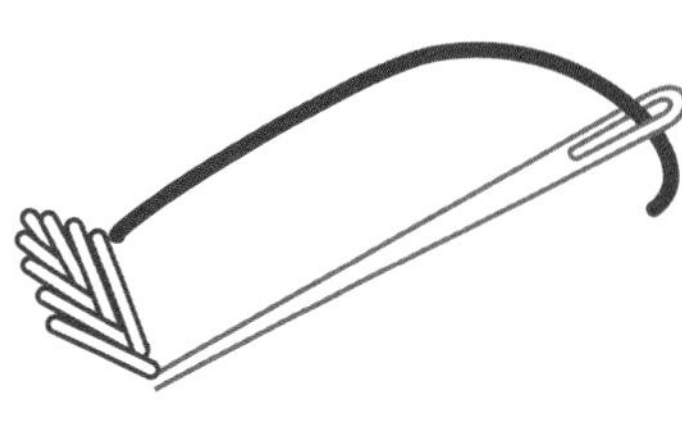

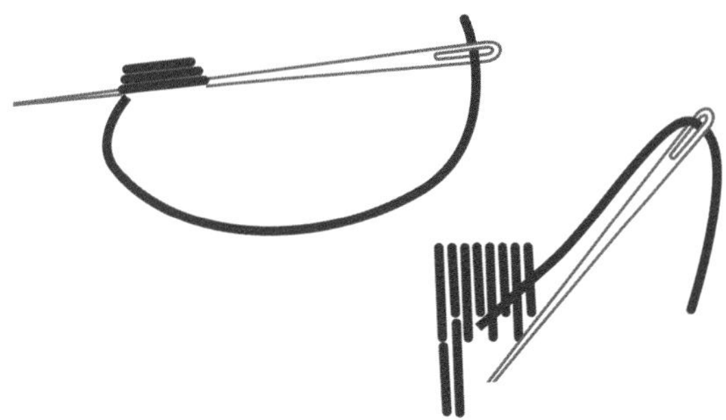

Grätenstich

Als erstes wird ein gerader Stich am oberen Teil der Mittellinie gestickt. Dann die Nadel von links oben über den gesetzten Stich führen und leicht nach rechts unten versetzt wieder in den Stoff stechen. Auf der anderen Seite von rechts nach links über den letzten Stich wiederholen. So entsteht die Grätenform.

Plattstich / versetzter Plattstich

Der Plattstich wird bei geraden, länglichen oder runden Formen angewendet. Er besteht aus dicht aneinandergelegten Stichen. Es kommt darauf an, die Stiche so gleichmäßig anzuordnen, dass die Oberfläche glatt erscheint. Für den versetzten Plattstich wird in der ersten Reihe abwechselnd ein kurzer und ein langer Stich gesetzt. In der darauf folgenden Reihe die Stiche versetzt zueinander setzen.

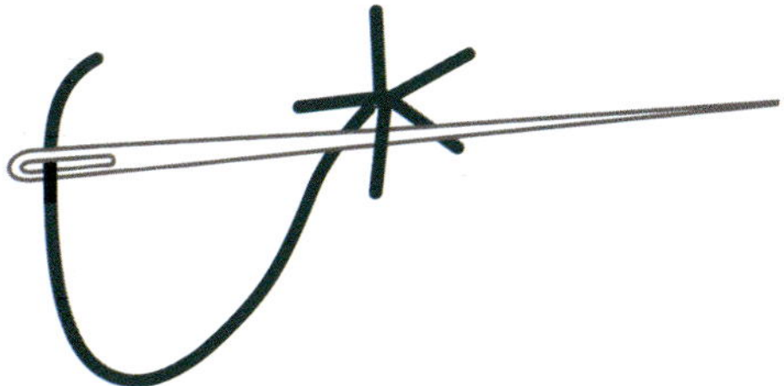

Gewebte Rose

Zuerst werden die Ankerstiche gestickt. Diese müssen eine ungerade Zahl ergeben, 5 oder 7. Dann die Nadel, in der Mitte von unten nach oben stechen und ringsum abwechselnd über und unter den Ankerstichen führen. Dabei nicht in den Stoff stechen.

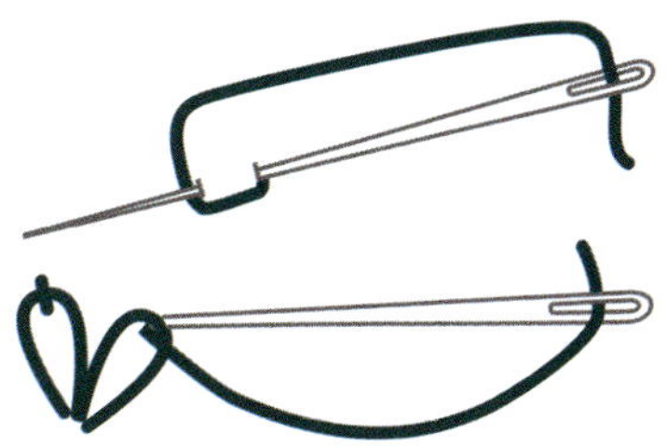

Margeritenstich

Die Nadel von unten durch den Stoff stechen, eine Schlinge bilden und dicht neben der Ausstichstelle wieder einstechen. Innerhalb der Schlinge von unten nach oben stechen und die Schlaufe mit einem kleinen Stich fixieren.

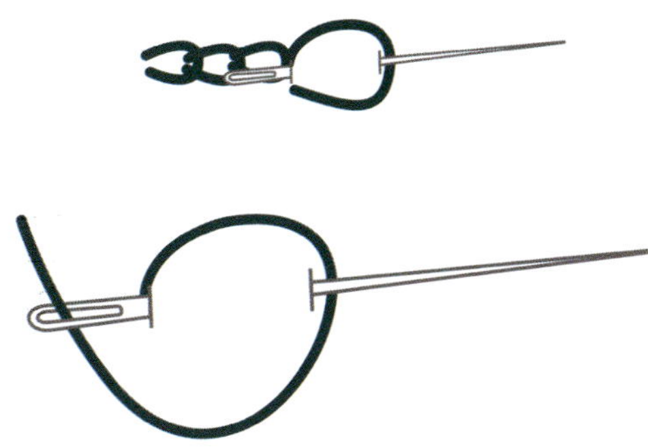

Kettstich / Kettenstich

Wie beim Margeritenstich sticht die Nadel von unten nach oben durch den Stoff. Dann eine Schlinge bilden und dicht neben der Ausstichstelle wieder einstechen. Innerhalb der Schlinge von unten nach oben stechen und den letzten Schritt wiederholen. Der Faden sollte nicht zu straff angezogen werden, damit die Schlingen schön rund verlaufen.

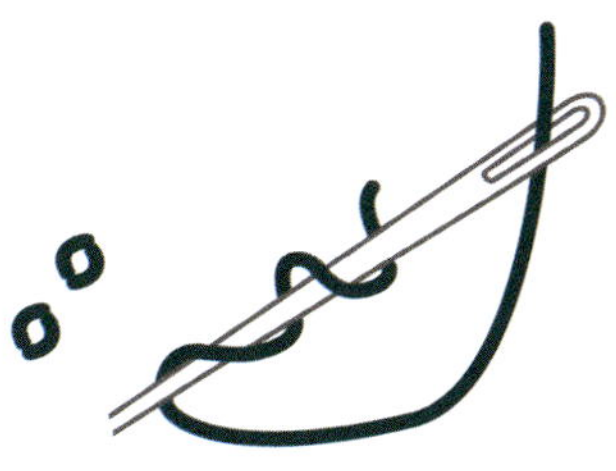

Knötchenstich

Die Nadel sticht von unten durch den Stoff, anschließend wickelt man den Faden unmittelbar am Ausstich zweimal oder mehrere Male um die Nadel und sticht dann knapp neben dem Ausstich wieder ein. Wie oft der Faden um die Nadel gewickelt wird, richtet sich danach, wie groß das Knötchen werden soll.

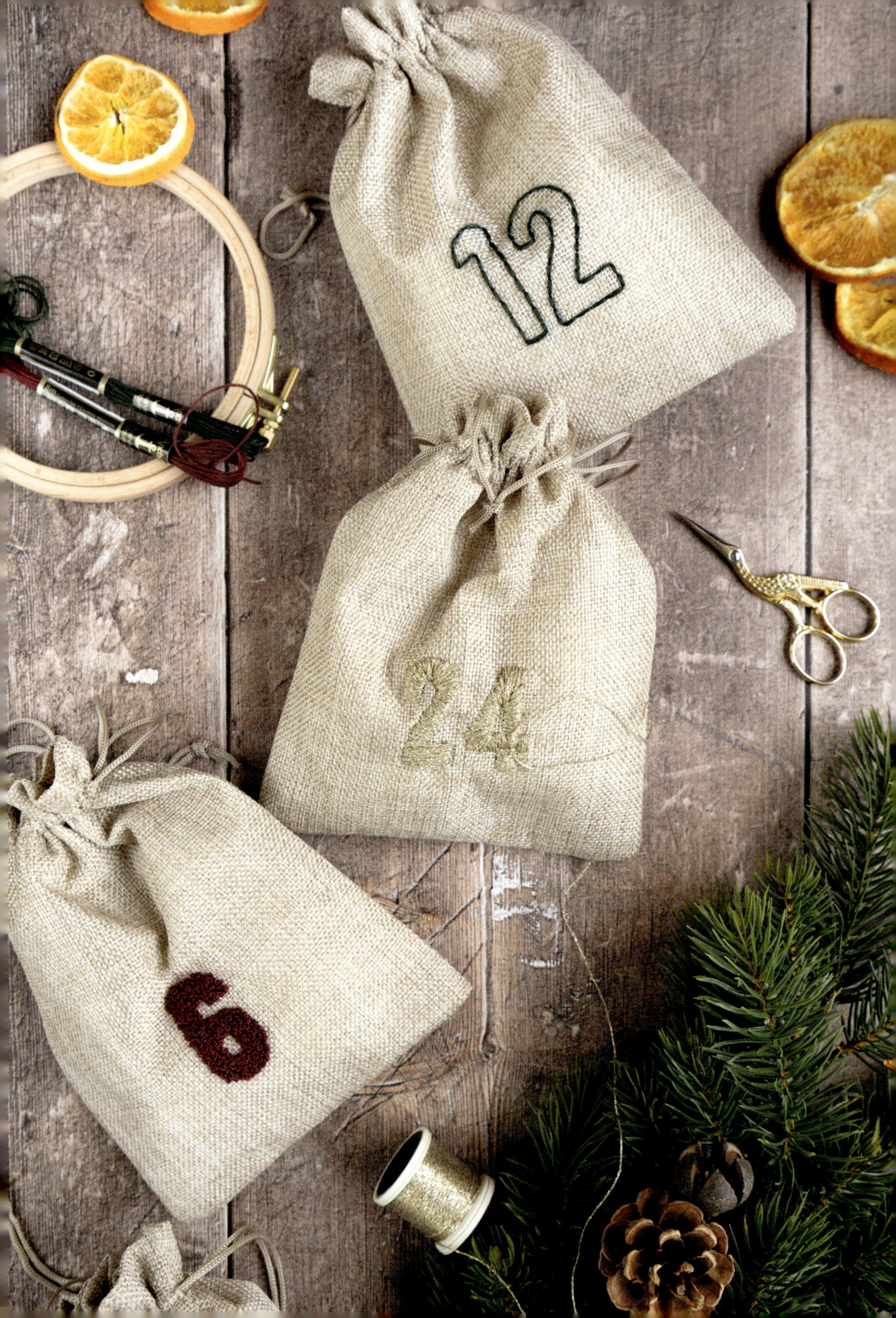
12
24
6

ADVENTSKALENDER *besticken*

Schwierigkeitsgrad
Das schaffst du locker

Was darf in der Adventszeit auf keinen Fall fehlen? Natürlich der Adventskalender! Dieser eignet sich besonders gut, um mit dem Sticken anzufangen, und ist auch ein schönes Projekt, das man gemeinsam mit Kindern umsetzen kann.

Material

- Nadeln MIT Spitze No. 18-22
- Stickschere
- Stoffbeutel (ca. 19 cm x 14 cm)
- Stickrahmen (13 cm) Nr. 2

- Sticktwist nach Wahl
Im Beispiel verwendet:
Anchor 00862, 00897, Gold 300

- Stickvorlage auf Seite 84

Stiche & Garnstärke

- Rückstich (6 Fäden)
- Knötchenstich (6 Fäden)
- Plattstich (6 Fäden)

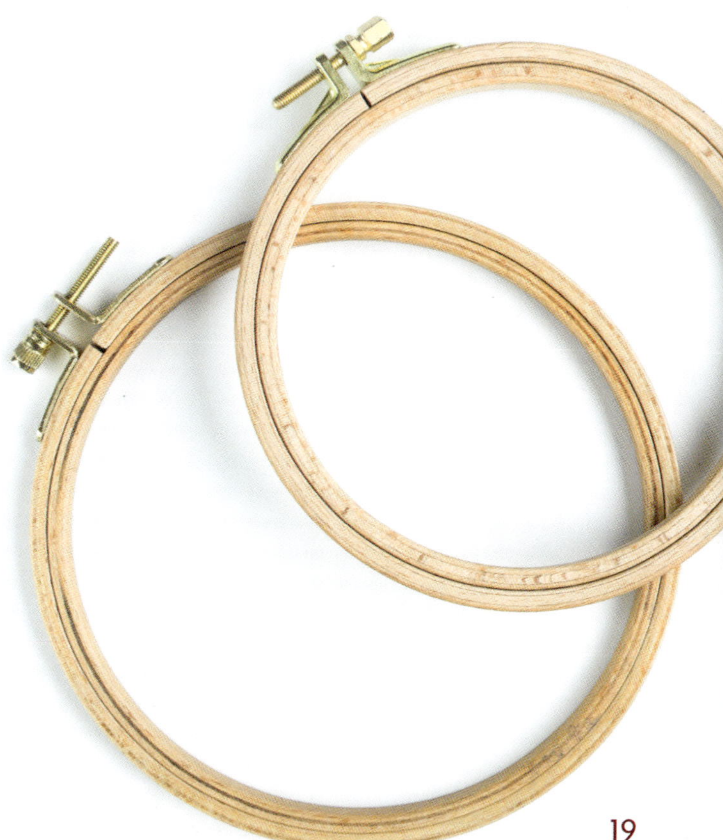

ADVENTSKALENDER BESTICKEN

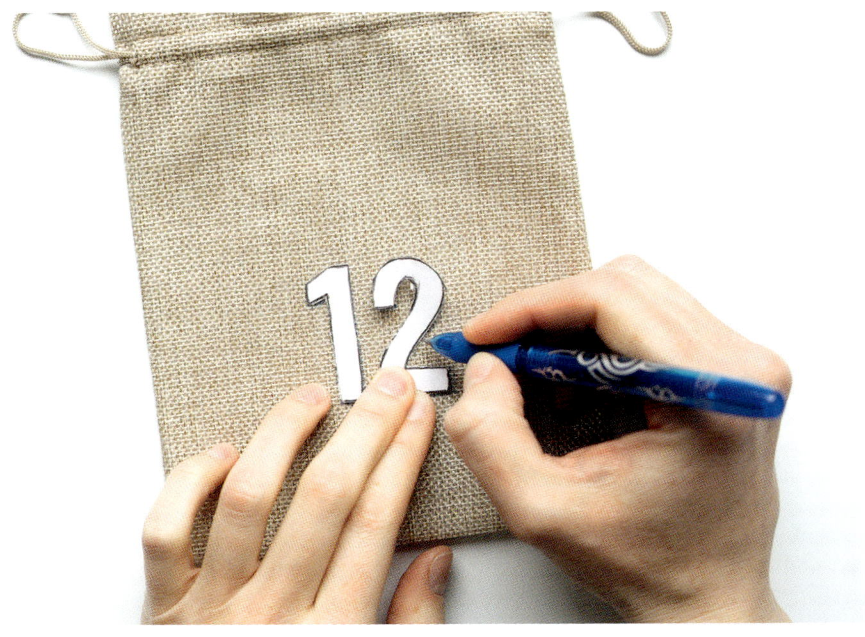

Kopiere dir die Ziffern auf einen Bogen Papier und schneide sie aus. Lege sie auf das untere Drittel des Beutels und zeichne die Konturen mit einem Trickmarker oder Hitzestift nach. In der Vorlage findest du die Ziffern 0-9. Die zweistelligen Zahlen können aus diesen Ziffern zusammengesetzt werden.

2

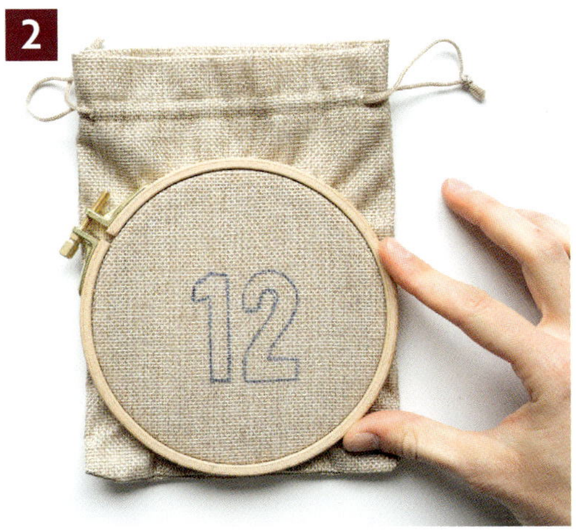

Stecke den inneren Ring in den Beutel und stülpe den äußeren darüber. Der Stoff sollte schön straff gespannt sein.

3

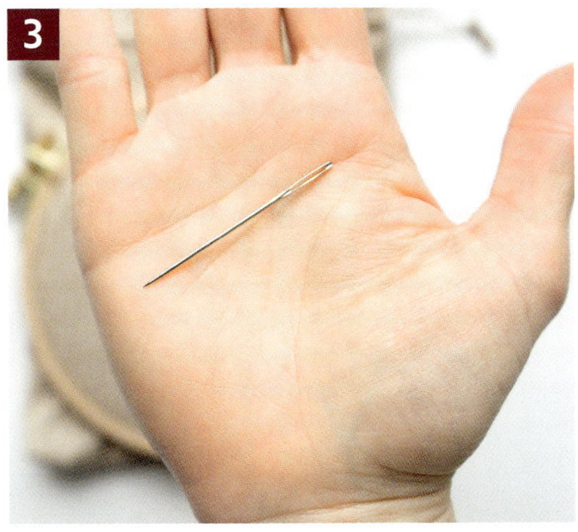

Für dieses Projekt solltest du eine spitze Nadel in der Größe 18-22 verwenden. Es wird mit 6 Fäden gestickt.

4

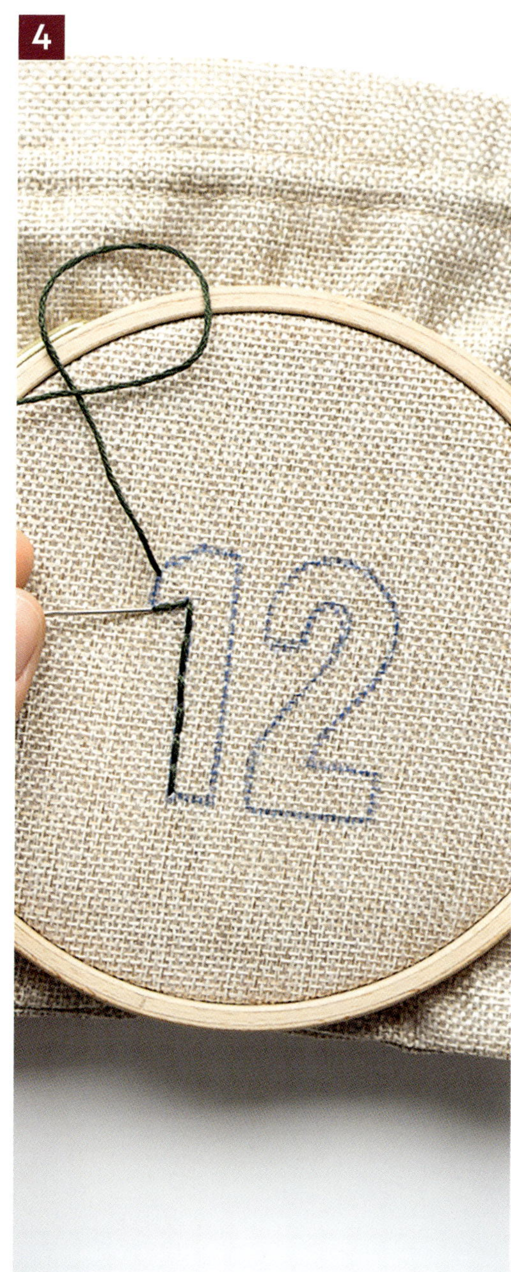

Für die 1. Variante werden nur die Konturen mit dem Rückstich gestickt (Seite 15). Bei den kurzen Strecken wie hier kann der Stich die gesamte Länge einnehmen.

5

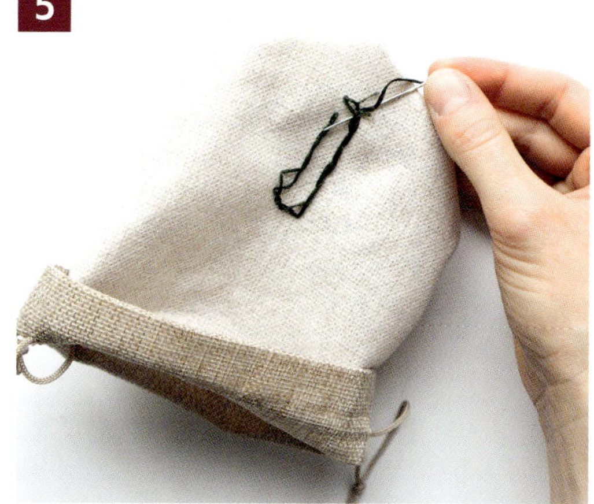

Vernähe den Faden auf der Rückseite. Der Stickring muss dafür gelöst werden. Dann schiebe die Nadel 2-3 mal unter den vorher gesetzten Stichen hindurch oder binde einen Knoten.

6

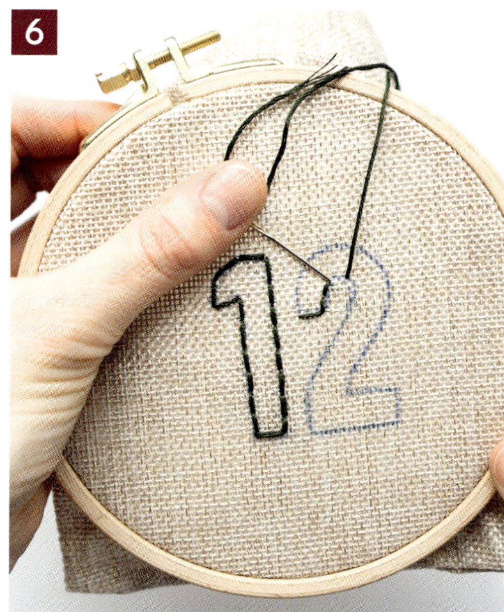

In den Rundungen solltest du die Stichlänge etwas kleiner wählen. So werden die Kurven schöner.

ADVENTSKALENDER BESTICKEN

7

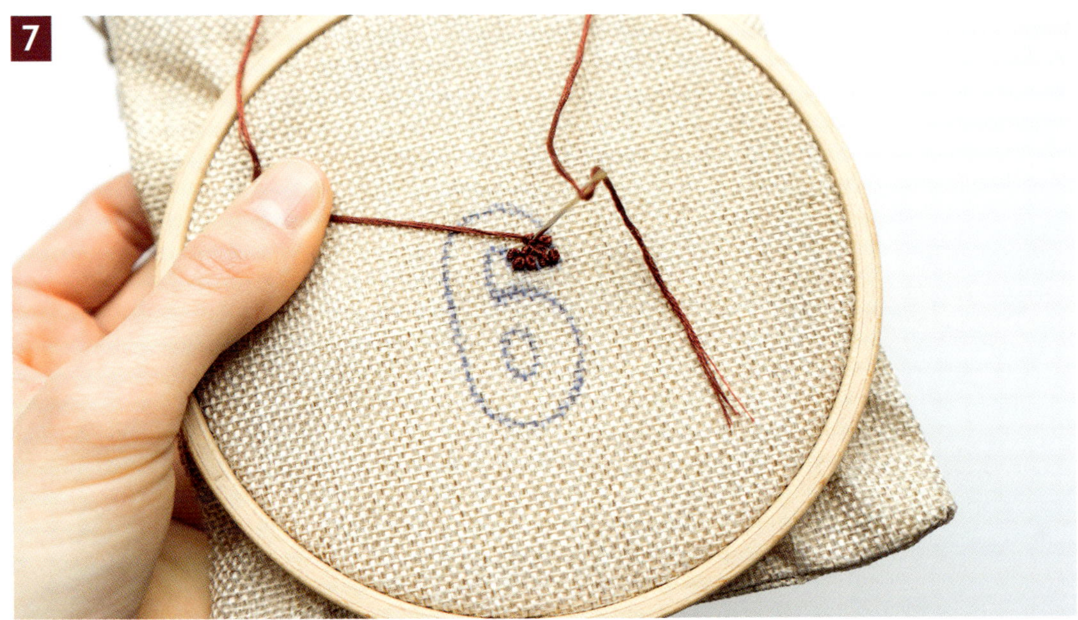

Für die 2. Variante werden die Innenflächen der Ziffern mit dem Knötchenstich gefüllt (Seite 17). Setze die Knötchen möglichst gleichmäßig und dicht aneinander. Ich habe den Faden dazu einmal um die Nadel gewickelt.

8

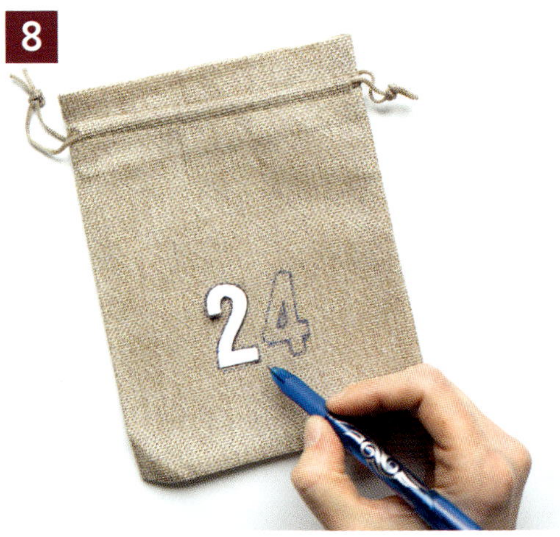

Für die 3. Variante schneidest du wieder die Ziffern aus und platzierst sie im unteren Drittel deines Beutels.

9

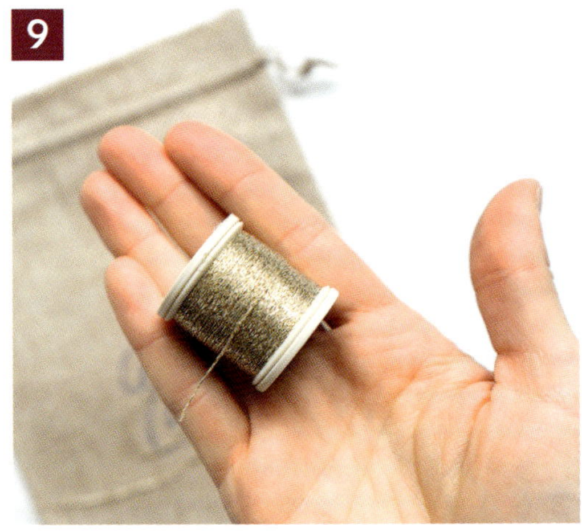

Für einen besonders festlichen Look kannst du hier ein Effektgarn in Gold verwenden. Das ist allerdings etwas dünner.

10

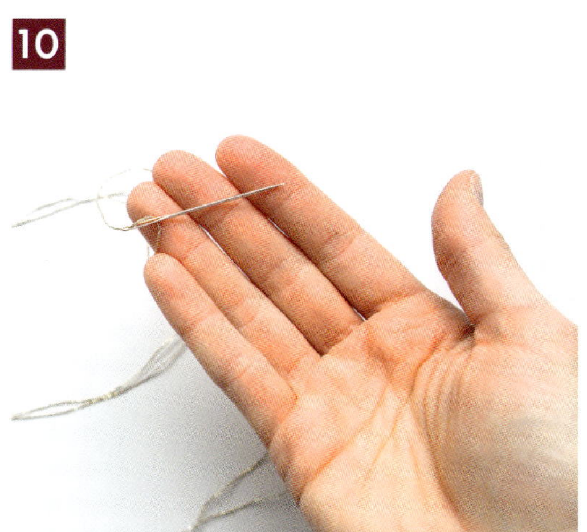

Aus diesem Grund solltest du den Faden doppelt legen. Also doppelte Länge zuschneiden und am Ende die 2 Stränge verknoten.

11

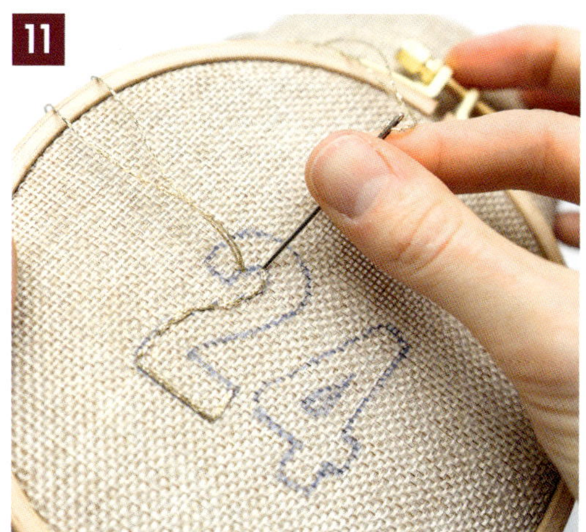

Im 1. Schritt werden die Konturen wieder mit dem Rückstich gestickt.

12

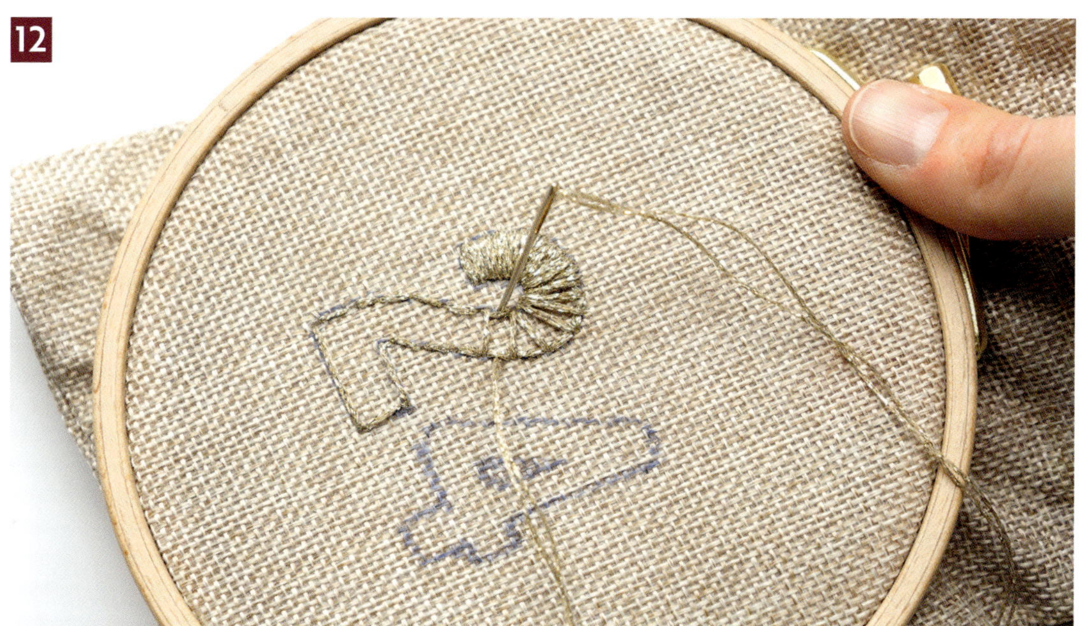

Im 2. Schritt füllst du die Fläche mit dem Plattstich (Seite 16). Setzte dafür erst ein paar großzügige Stiche, damit die Fadenrichtung möglichst gleichmäßig wird. Anschließend die Lücken ausfüllen. Achte darauf, dass deine Stiche die vorher gesetzte Kontur einschließen.

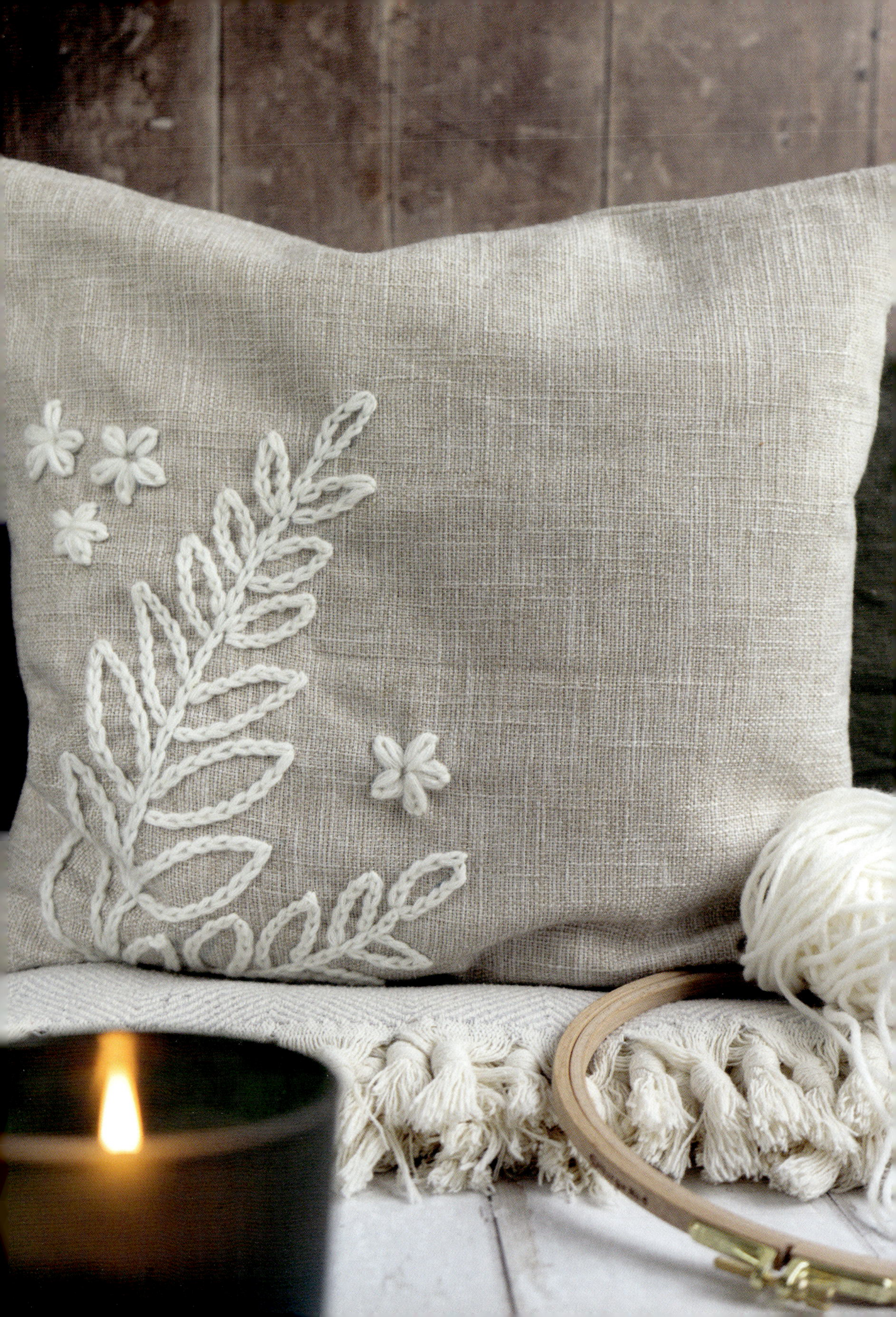

KISSENBEZUG *besticken*

Schwierigkeitsgrad
Das schaffst du locker

Kuschelig und gemütlich darf es in der kalten Jahreszeit werden. Da bietet es sich an, mal einen Kissenbezug für die Couch zu besticken. Mit Wolle ist das nicht nur ganz weich, sondern erinnert auch an glitzernde Eisblumen.

Material

- Nadeln MIT Spitze No. 16
- Stickschere
- Kissenbezug 50 cm x 50 cm
- Stickrahmen (20 cm) Nr. 4
- Transferpapier von Prym
- Strickgarn (Alpaca von DROPS, 50 g)

- Stickvorlage auf Seite 87

Stiche & Garnstärke

- Margeritenstich (1 Faden doppelt gelegt)
- Kettstich (1 Faden)

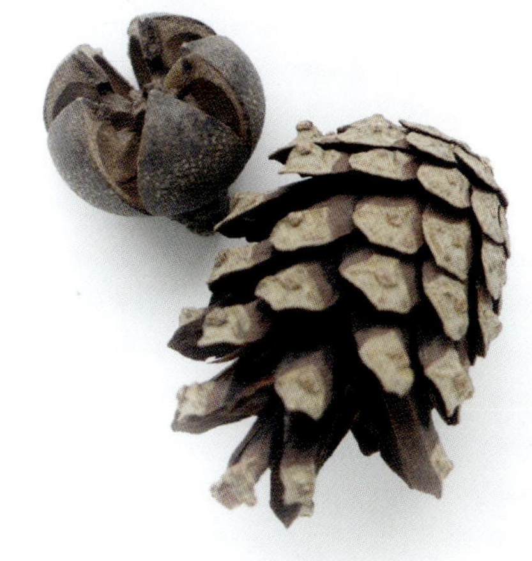

Tipp

Einen besonders festlichen Look kannst du erzielen, wenn du eine Wolle mit Glitzer- oder Metallfäden verwendest.

KISSENBEZUG BESTICKEN

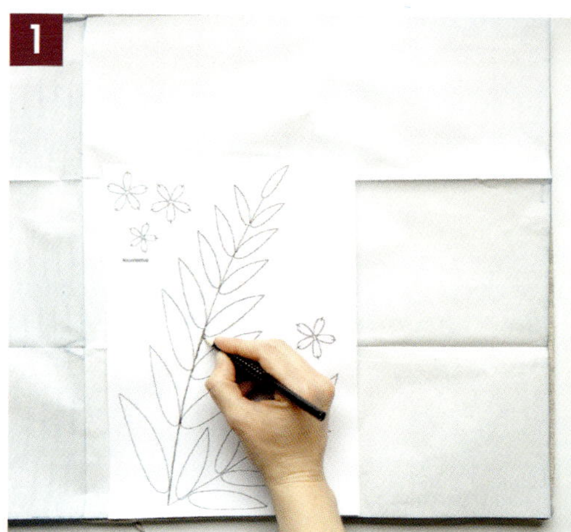

Übertrage die Vorlage auf ein Blatt Papier und schneide ein passendes Stück blaues Transferpapier zurecht. Positioniere das Transferpapier auf deinem Kissen und lege die Vorlage auf. Zeichne mit einem Bleistift die Vorlage nach.

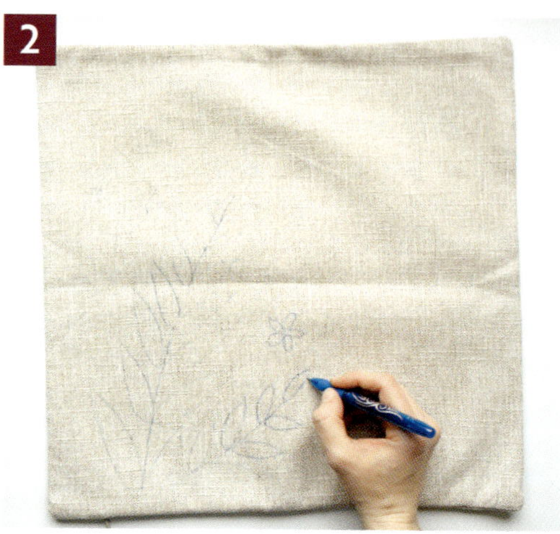

Du kannst die Linien zusätzlich mit einem Trickmarker oder Hitzestift nachzeichnen. Spanne das Motiv in einen Stickrahmen. Es kann sein, dass du während der Arbeit den Rahmen neu positionieren musst.

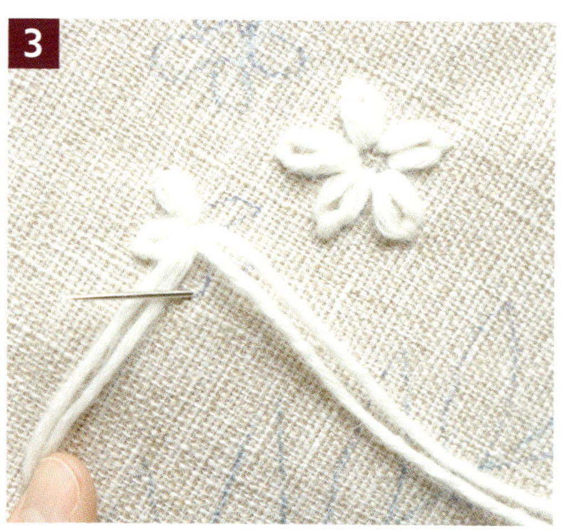

Für die Blumen legst du die Wolle doppelt und verknotest am Ende beide Stränge. Dann werden die einzelnen Blätter mit dem Margeritenstich gestickt (Seite 17).

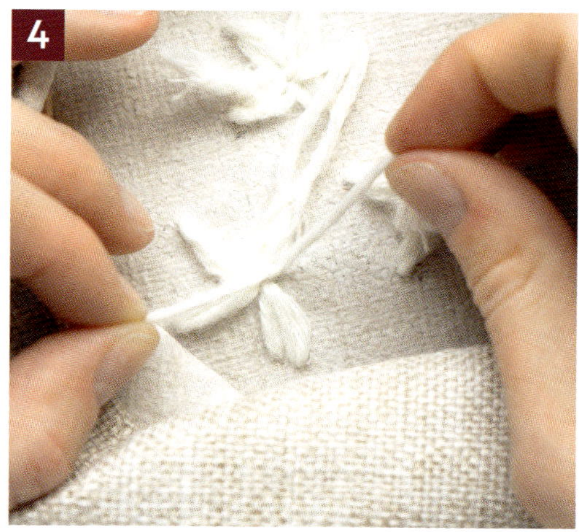

Auf der Rückseite verknotest du die Fäden, damit alles schön fest sitzt.

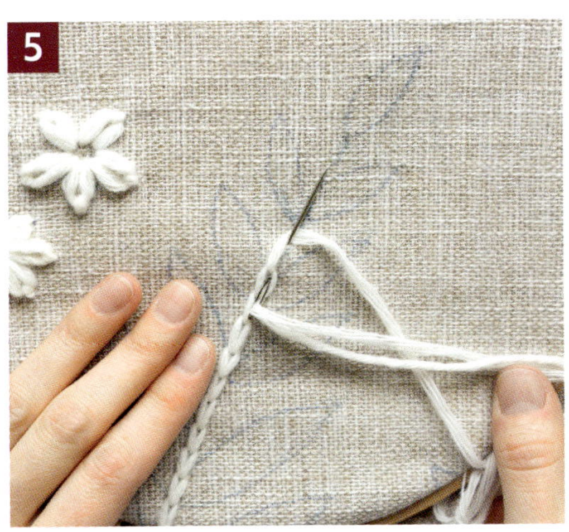

Das Blatt wird mit dem Kettstich gestickt (Seite 17). Beginne am unteren Rand und arbeite am Stiel entlang bis zur Blattspitze.

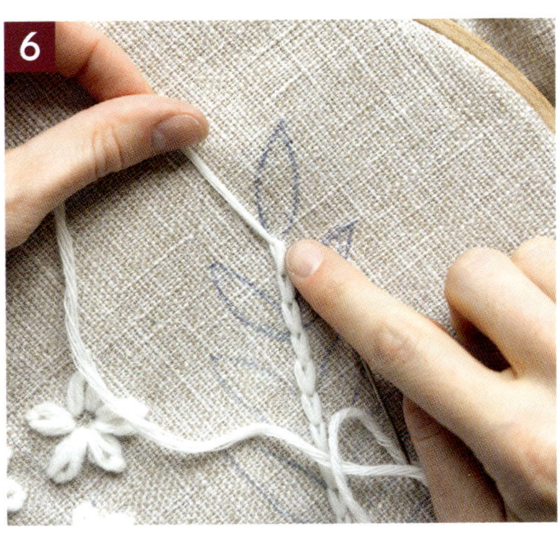

Für die einzelnen Blätter setzt du neu an und arbeitest sie bis in die Spitze.

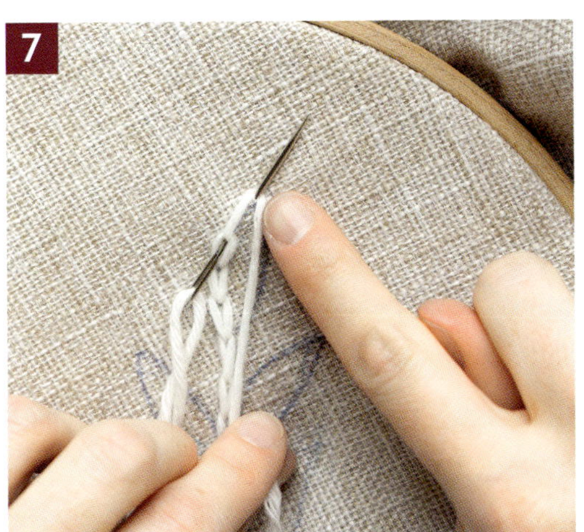

Der letzte Stich sollte die Blattspitze bilden.

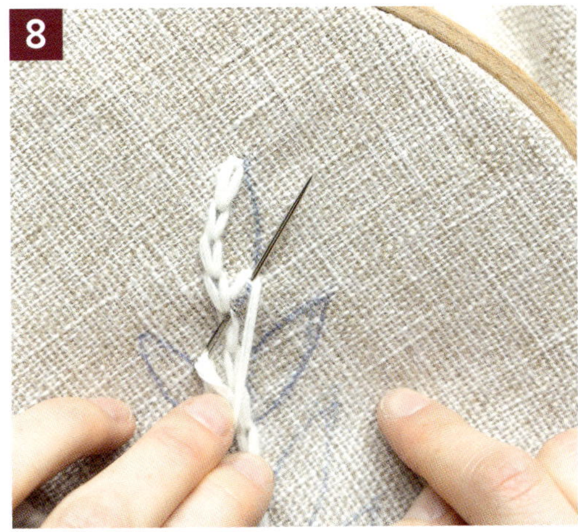

Für die andere Seite setzt du wieder neu am unteren Teil an und stickst zur Spitze hin. Der letzte Stich sollte wieder in der Blattspitze enden.

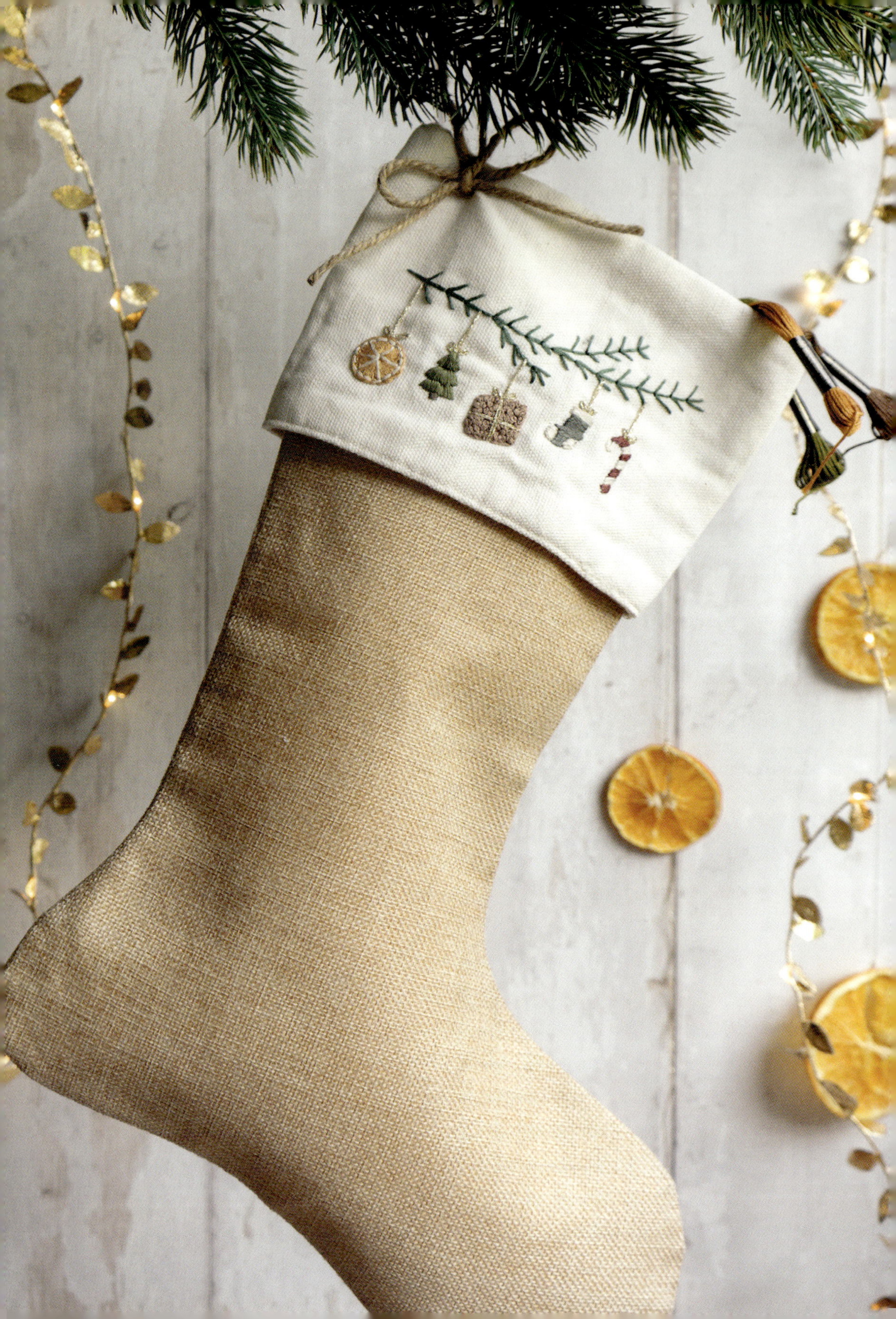

NIKOLAUSSTRUMPF *besticken*

Schwierigkeitsgrad
Nimm dir ein bisschen Zeit

Stiefel geputzt? Macht nichts, denn an so einem schönen Nikolausstrumpf kann der gute alte Herr gar nicht vorbeigehen. Die schönen Strümpfe aus Baumwolle oder Jute eignen sich ganz hervorragend für eine schöne weihnachtliche Stickerei.

Material

- Nadeln MIT Spitze No. 18-22
- Stickschere
- Nikolausstrumpf (ca. 18 cm x 40 cm)
- Wasserlösliches Vlies (Solufix)

- Sticktwist nach Wahl
Im Beispiel verwendet:
Anchor 00390, 00379, 00897, 00904, 00273, 00845, 01045, Gold 300

- Stickvorlage auf Seite 85

Stiche & Garnstärke

- Geradstich (6 Fäden)
- Margeritenstich (6 Fäden)
- Stielstich (6 Fäden)
- Plattstich (3-6 Fäden)

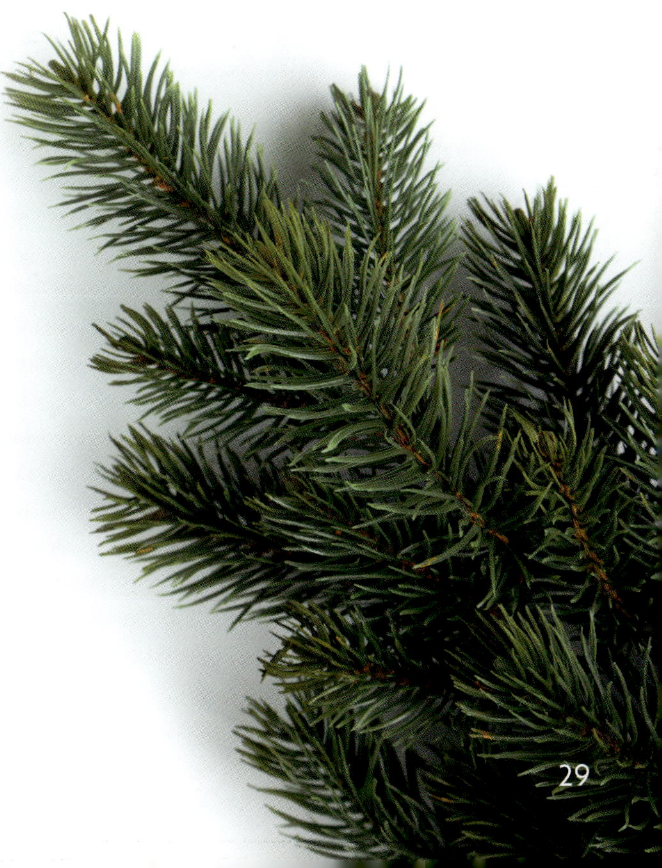

NIKOLAUSSTRUMPF BESTICKEN

1

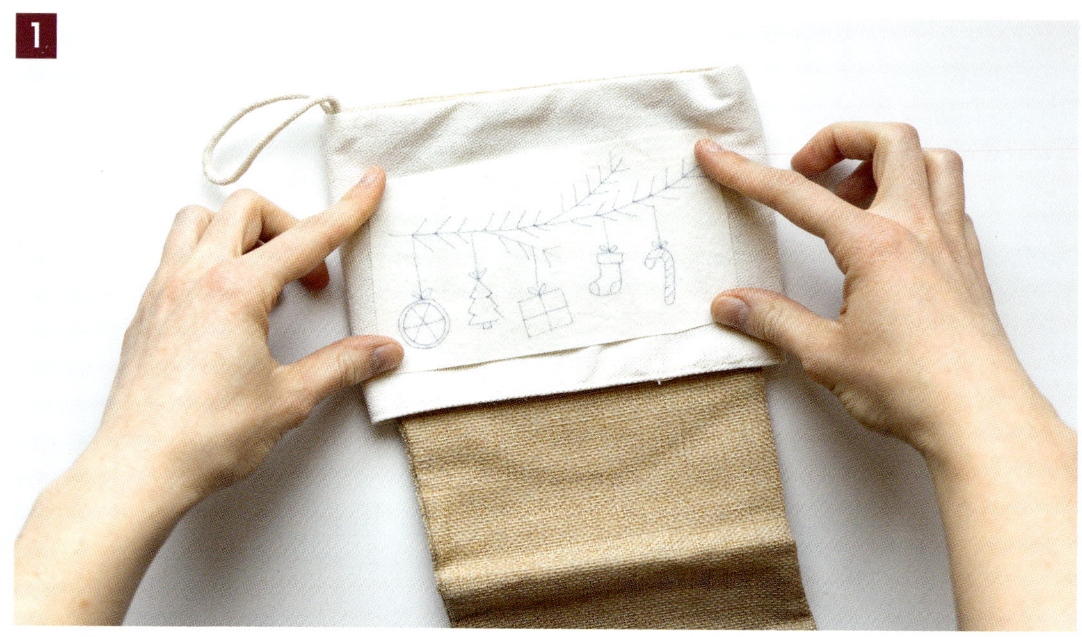

Übertrage die Vorlage auf das Solufix und positioniere das Motiv auf dem Strumpf. Entferne die Schutzfolien und klebe die Vorlage fest. Dieses Projekt wird ohne Stickrahmen gestickt. Das Material des Strumpfes ist sehr fest und hat genügend eigenen Stand.

2

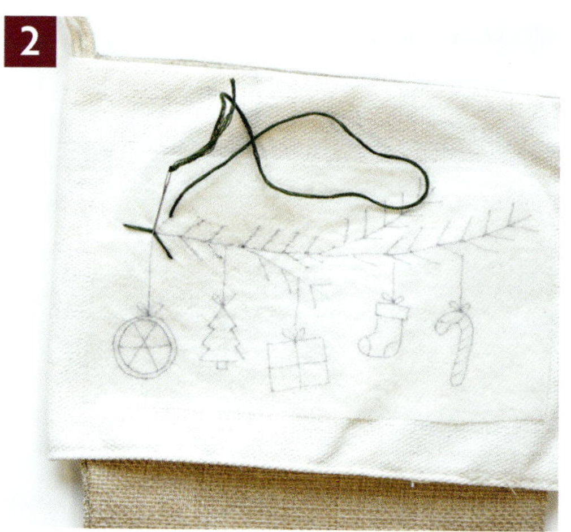

Den großen Zweig stickst du mit dem Geradstich (Seite 15). Jeder Zweig ist ein einzelner Stich.

3

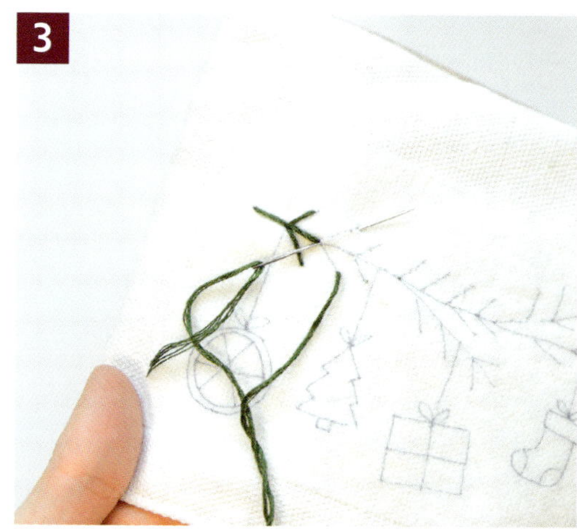

Wenn du ein wenig geübter bist, kannst du mit der Nadel in einem Schritt den Einstich- und Ausstichpunkt setzen. Das ist bei diesem Projekt sehr nützlich.

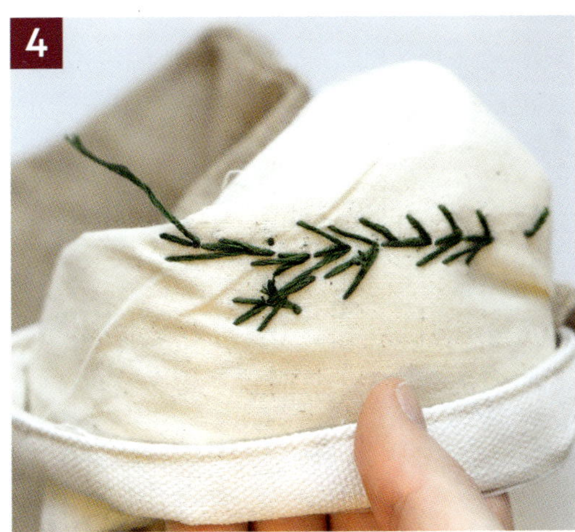

Vernähe den Faden auf der Rückseite. Schiebe dafür die Nadel 2-3 mal unter den vorher gesetzten Stichen hindurch und bilde einen Knoten.

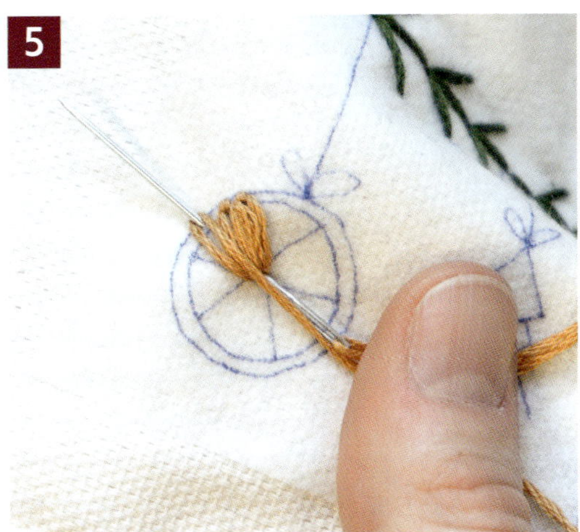

Für die Orange stickst du zuerst den inneren Teil mit dem Margeritenstich (Seite 17). Arbeite dich rundherum, bis die Orange gefüllt ist.

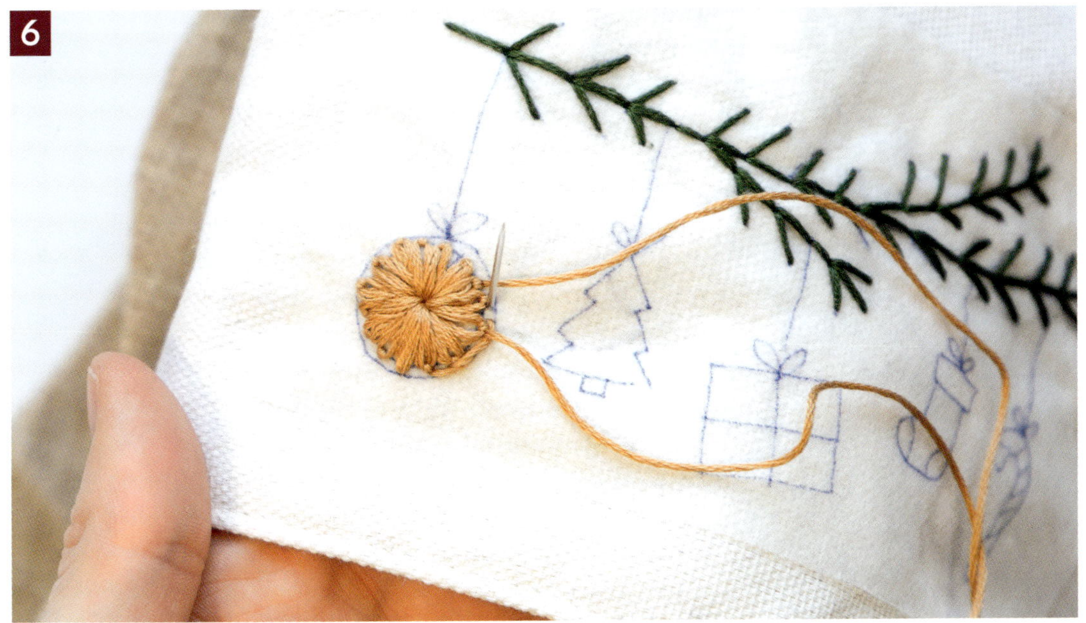

Die äußere Kontur der Orange stickst du mit dem Stielstich (Seite 16). Versuche dabei, sie möglichst dicht an die vorher gesetzten Margeritenstiche zu arbeiten.

NIKOLAUSSTRUMPF BESTICKEN

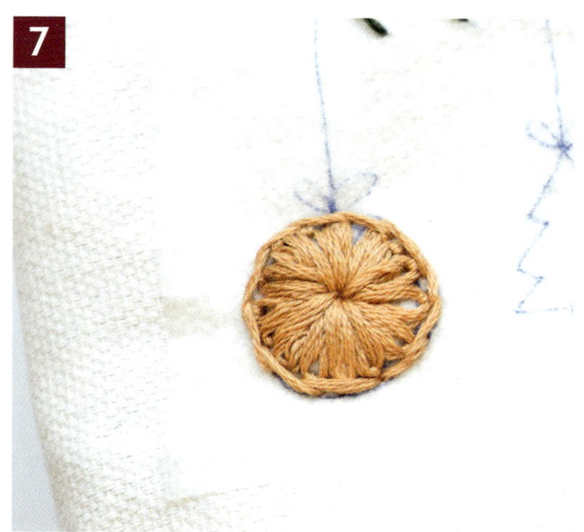

So sollte die Orange jetzt aussehen.

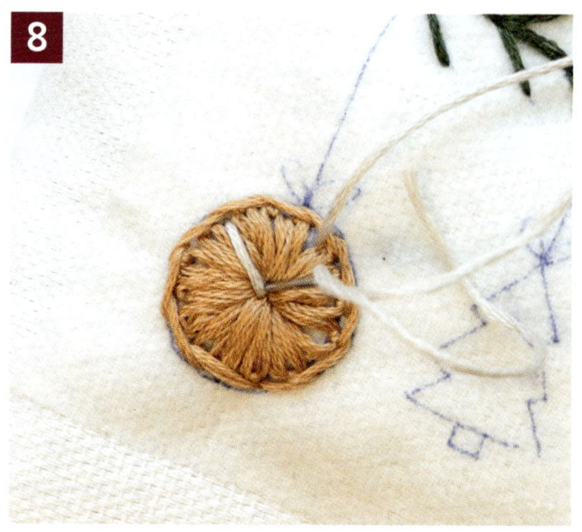

Für mehr Plastizität setzt du jetzt mit dem Geradstich und einem hellen Garn ein paar Stiche für die einzelnen Segmente.

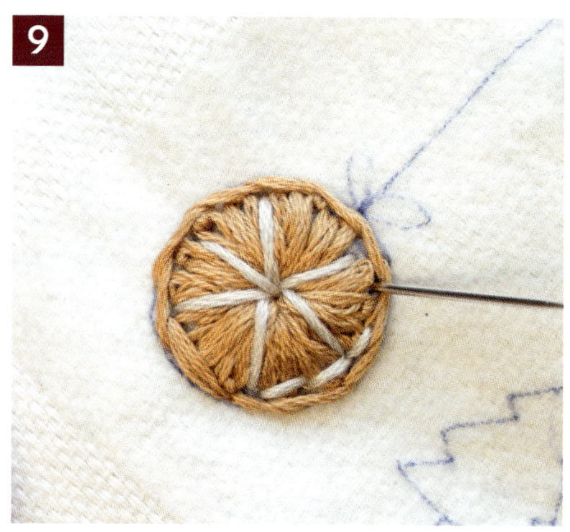

Jetzt nur noch die innere Kontur mit dem Rückstich nachsticken (Seite 15).

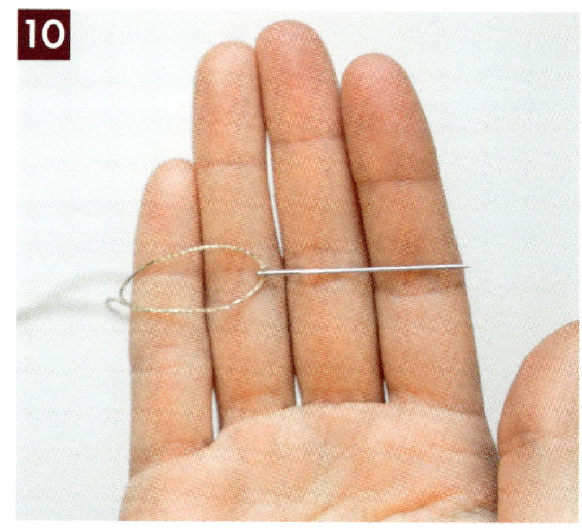

Für den Faden, an dem die Gegenstände hängen, kannst du ein Goldgarn verwenden. Das solltest du doppelt legen und die Enden verknoten.

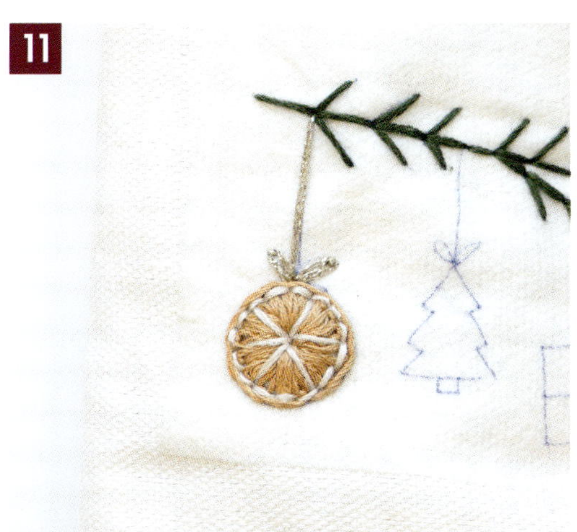

11

Setze jetzt einen langen Stich vom Zweig zur Orange und sticke die kleine Schleife mit dem Margeritenstich.

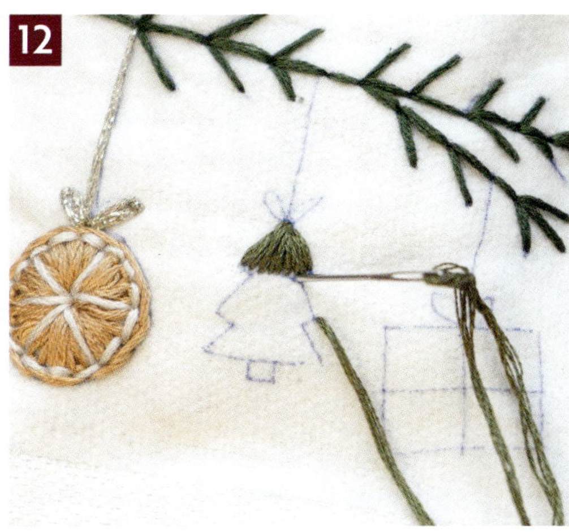

12

Die Tanne wird mit dem Plattstich gestickt (Seite 16). Erst den oberen Teil, dann die Mitte und zum Schluss den unteren Teil.

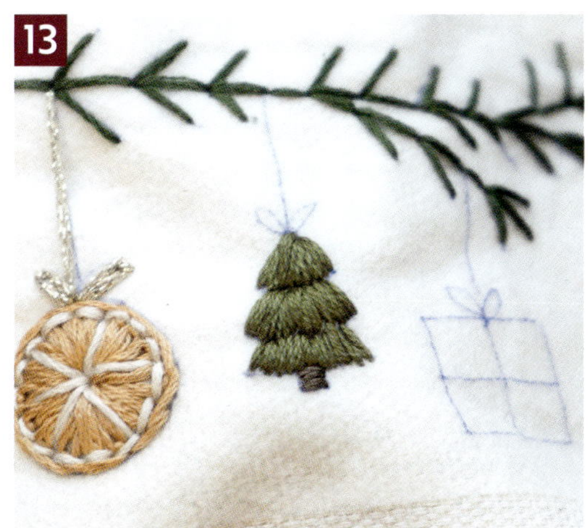

13

Für den Stamm setzt du die Stiche vertikal (3 Fäden).

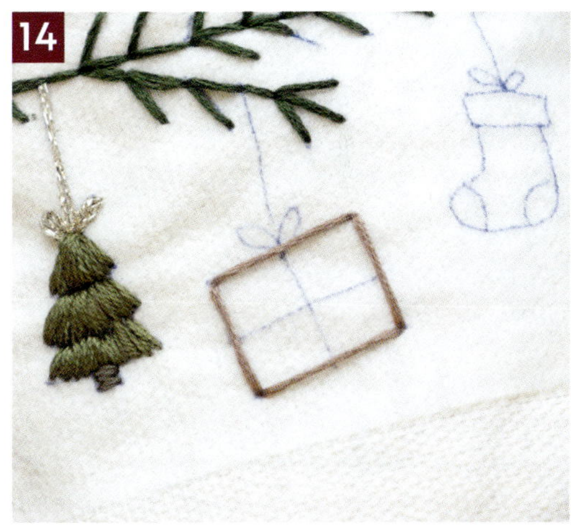

14

Für das Geschenk werden erst die Konturen mit dem Geradstich gestickt.

NIKOLAUSSTRUMPF BESTICKEN

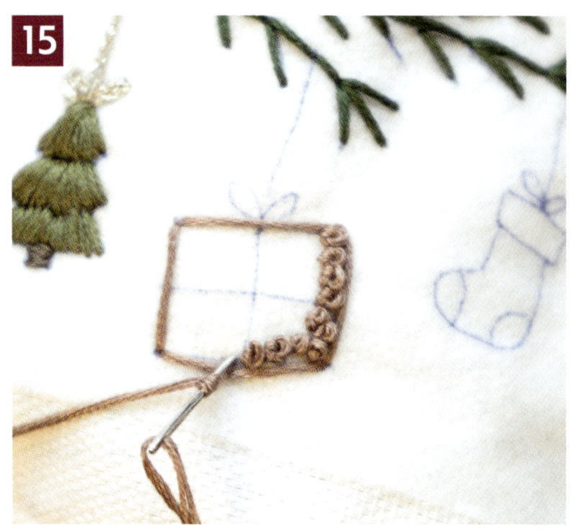

Den inneren Teil stickst du mit dem Knötchenstich (Seite 17). Setze die Knötchen möglichst gleichmäßig und dicht aneinander. Ich habe den Faden 1x um die Nadel gewickelt und einen Strang mit 3 Fäden verwendet.

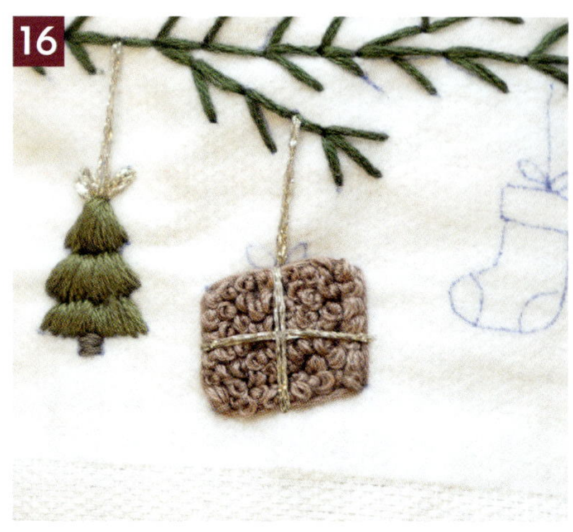

Das Geschenkband sowie die Schnur und die Schleife stickst du wieder mit dem goldenem Garn.

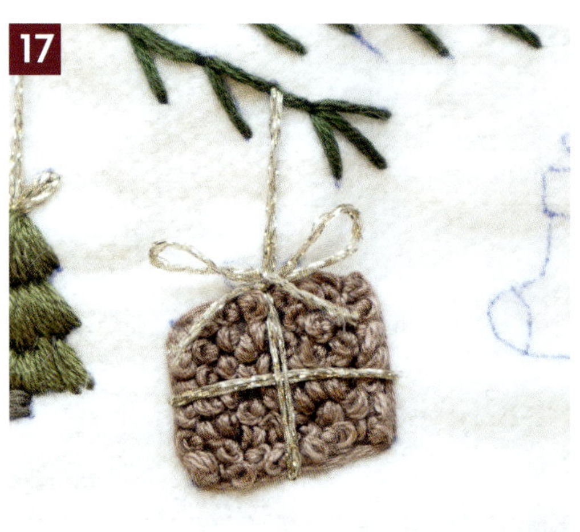

Alternativ zum Margeritenstich kannst du auch eine richtige Schleife binden. Dafür ein Stück Garn in der Mitte mit einem Stich fixieren und die Schleife knoten.

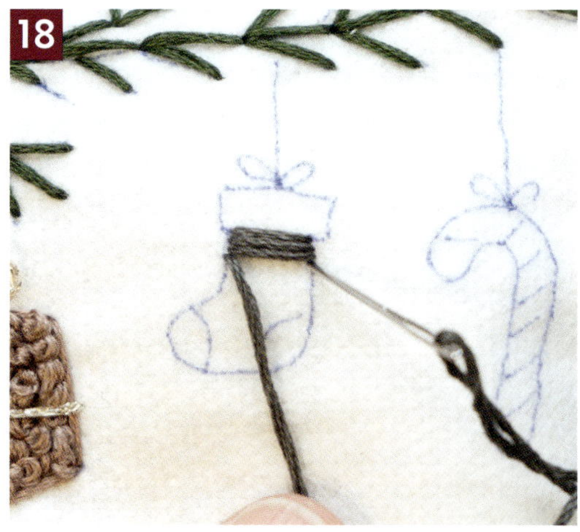

Den kleinen Strumpf stickst du wieder mit dem Plattstich. Die Stiche dafür vertikal setzen.

19

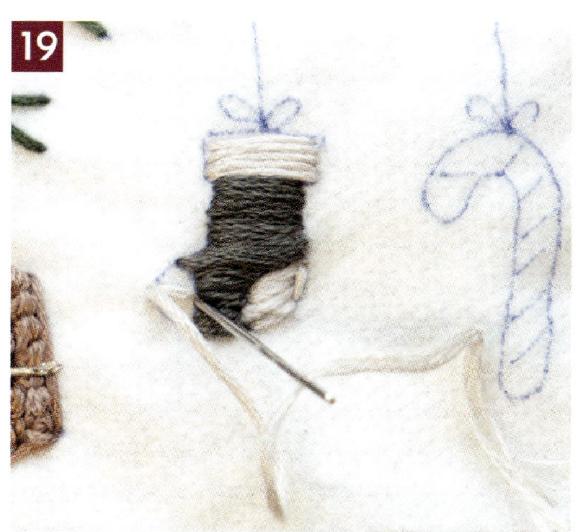

Nach diesem Prinzip werden auch die Fußspitze, die Ferse und der Umschlag gestickt. Du kannst die Ferse zusätzlich mit dem Rückstich betonen.

20

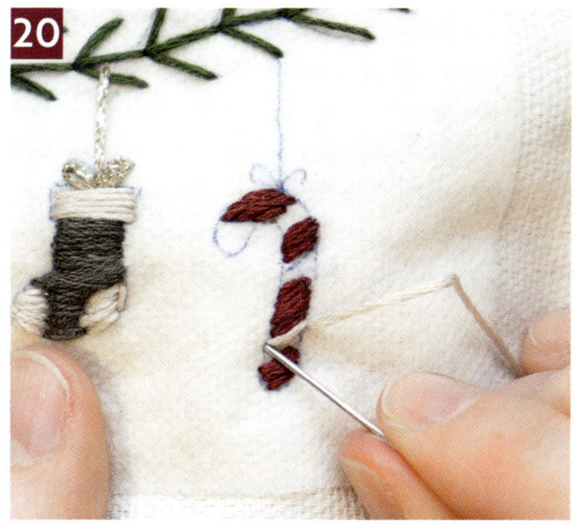

Auch die Zuckerstange wird mit dem Plattstich gestickt. Hier werden die Stiche aber diagonal gesetzt.

21

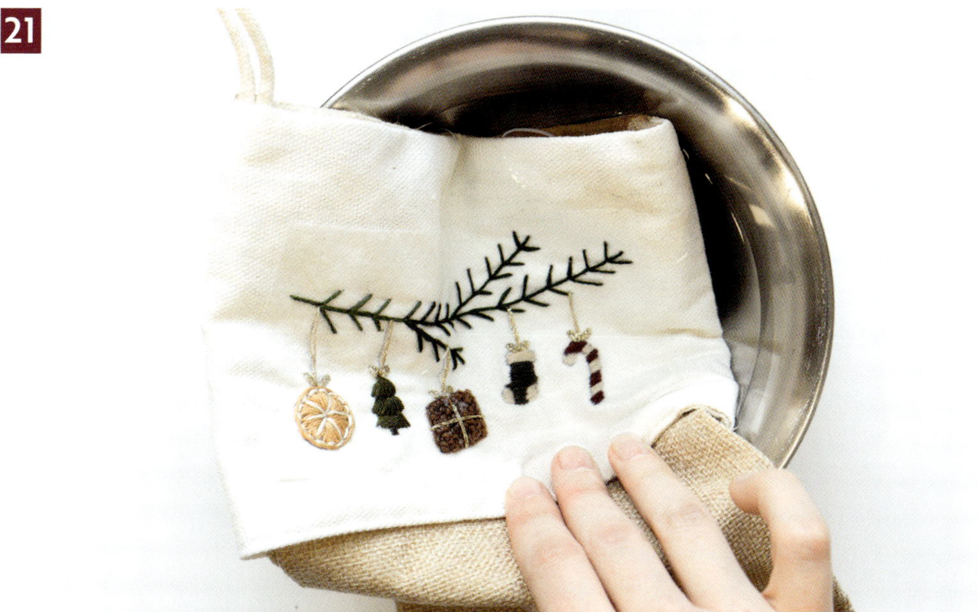

Jetzt noch das Solufix auswaschen und den Strumpf trocknen lassen.

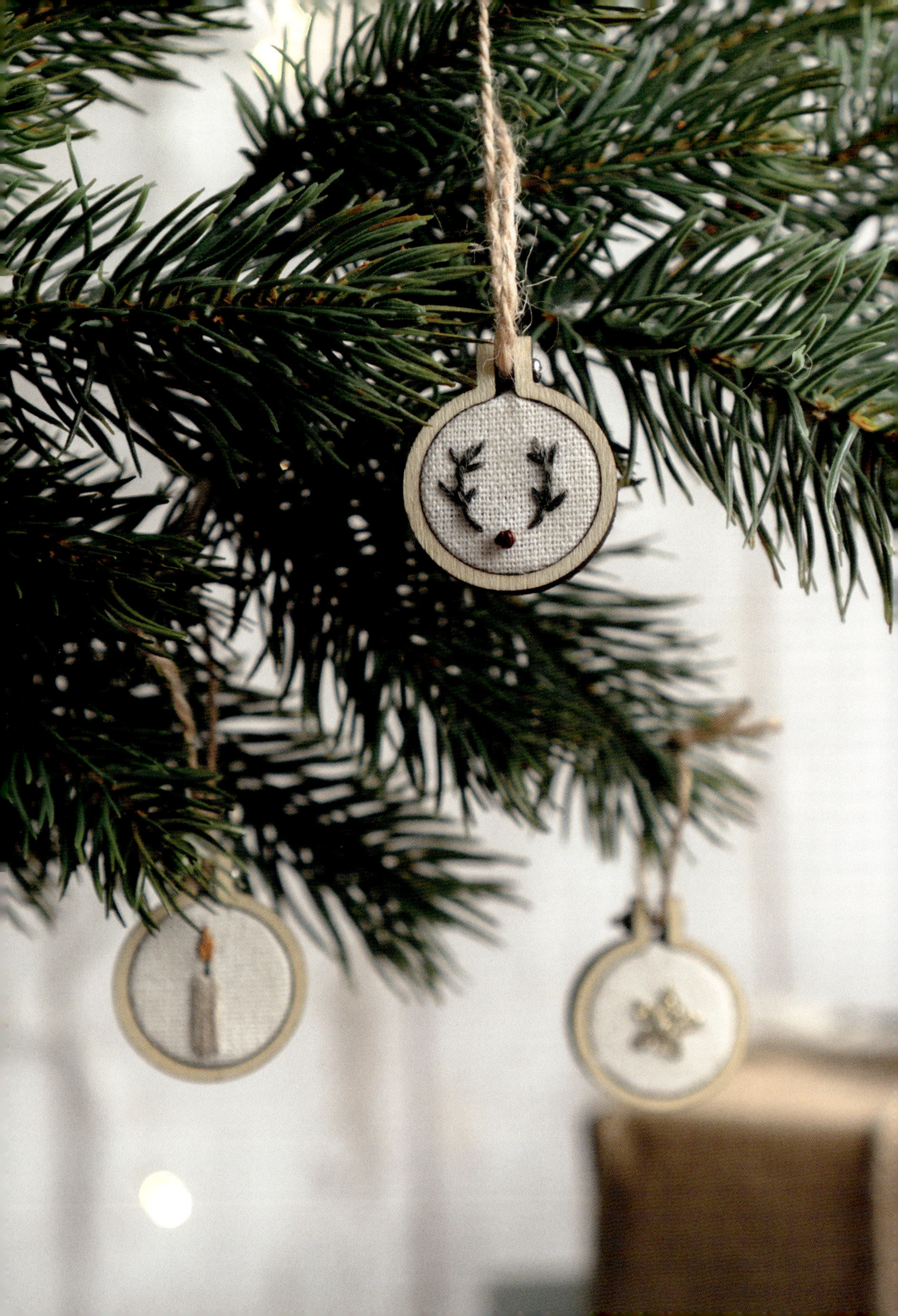

MINI-STICKRAHMEN-Anhänger

Schwierigkeitsgrad
Das schaffst du locker

Stickrahmen gehören auf jeden Fall auch an den Weihnachtsbaum. Dafür eignet sich besonders gut die Mini-Version. Ich zeige dir, wie es geht.

Material

- Stickrahmen (13 cm) Nr. 2
- Nadeln MIT Spitze No. 18-22
- Stickschere
- Mini-Stickrahmen (im Internet erhältlich)
- Trickmarker /Hitzestift
- Textilkleber

- Sticktwist nach Wahl
Im Beispiel verwendet:
Anchor 1046, 1041,
0388, 0862,0897, Gold 300

- Stickvorlage auf Seite 84

Stiche & Garnstärke

- Plattstich (3 Fäden)
- Rückstich (3 Fäden)
- Knötchenstich (3 Fäden)
- Stielstich (3 Fäden)
- Geradstich (3 Fäden)

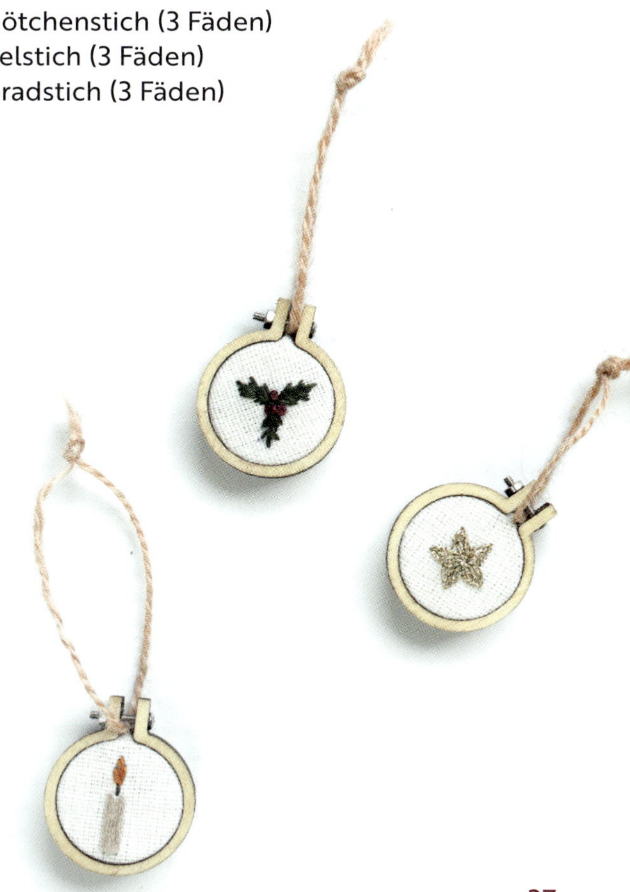

MINI-STICKRAHMEN-ANHÄNGER

1

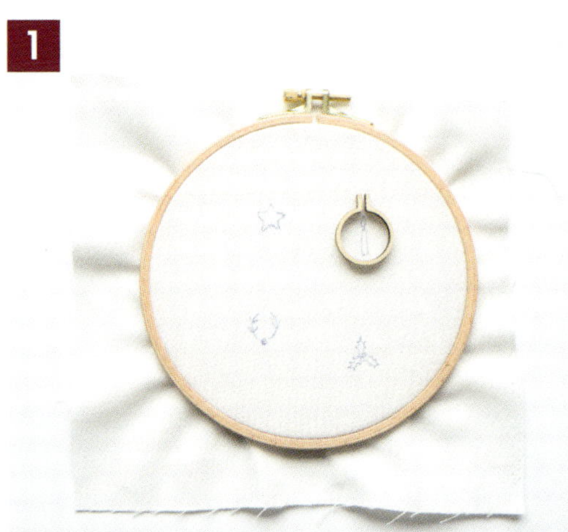

Übertrage die 4 Motive auf ein Stück Baumwolle und spanne den Stoff in den Stickrahmen. Halte genügend Abstand zu den anderen Motiven ein. Bedenke den Verschnitt!

2

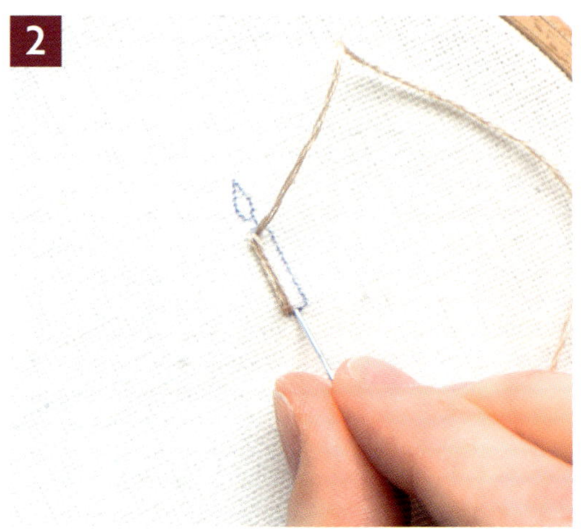

Für die Kerze verwendest du den Plattstich und 3 Fäden. Die Stiche werden horizontal gesetzt (Seite 16).

3

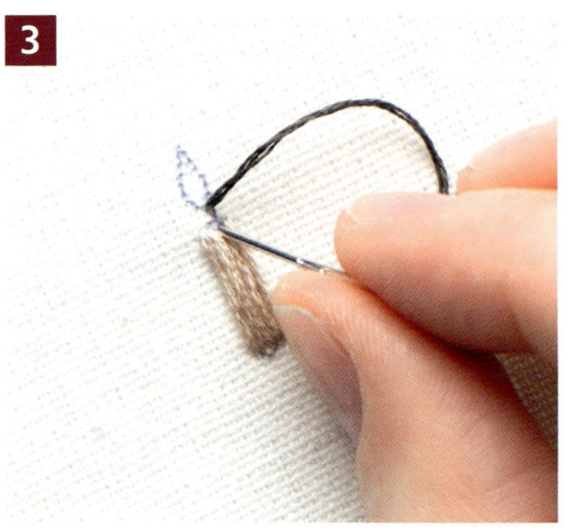

Für den Docht verwendest du einen einzelnen Stich.

4

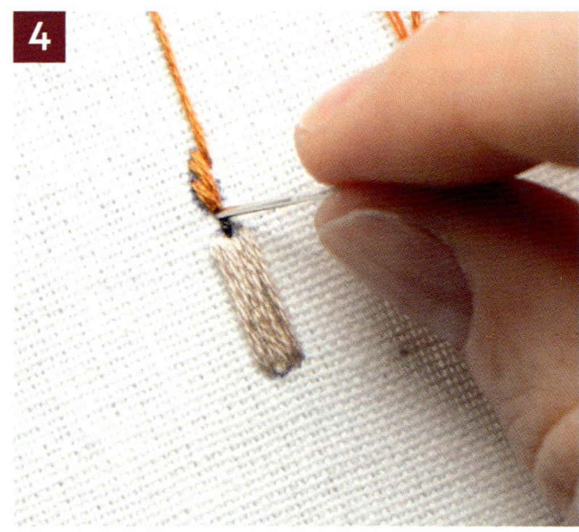

Die Flamme stickst du wieder mit dem Plattstich. Arbeite dicht an der Kontur entlang. Die Stiche werden nach außen hin kürzer.

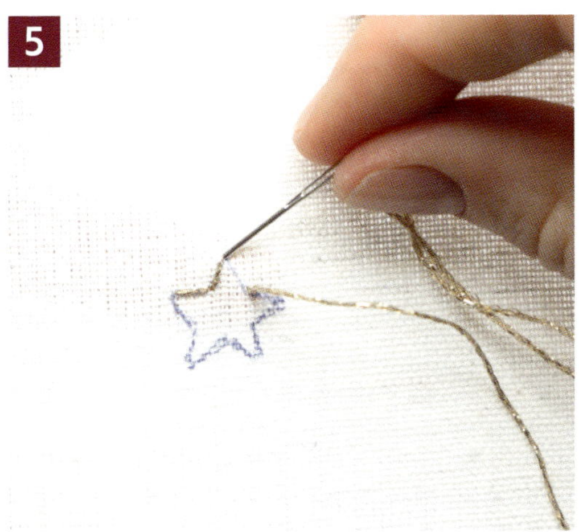

Für den Stern stickst du zuerst die Kontur mit dem Rückstich. Die Stiche sollten jeweils genauso lang wie eine Zackenlänge sein (Seite 15).

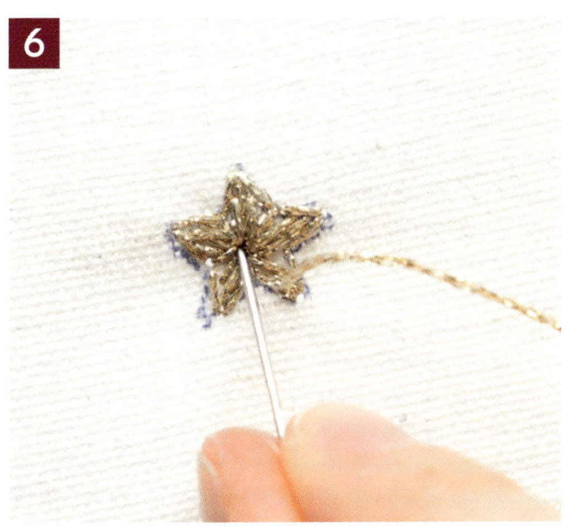

Die innere Fläche füllst du mit dem Plattstich (Seite 16). Dafür stickst du von den Spitzen zur Mitte und füllst dann die Lücken aus.

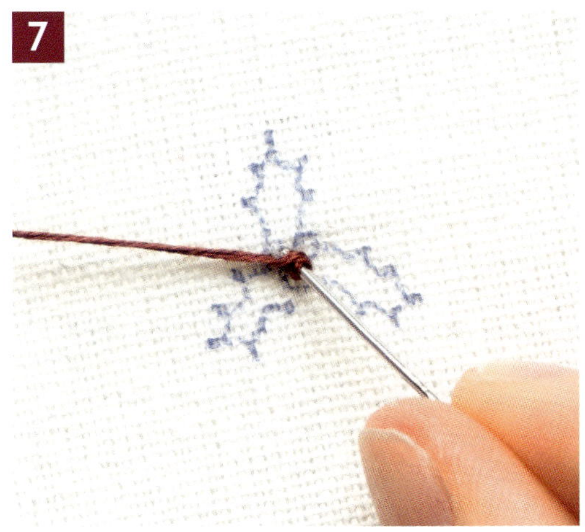

Für das Stechapfel-Motiv stickst du zuerst die Mitte mit 3 Knötchenstichen (Seite 17).

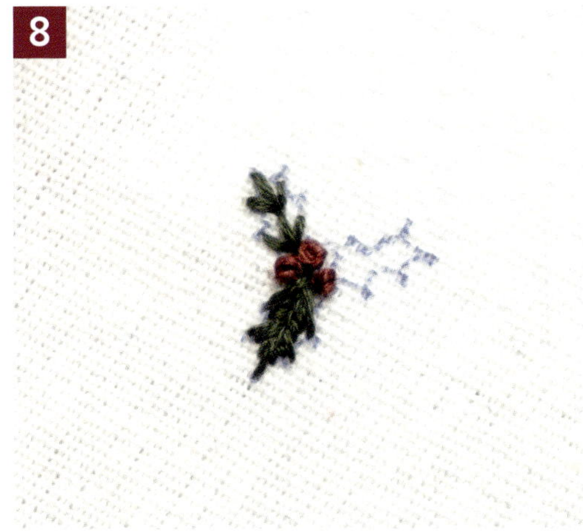

Für die Blätter stickst du dann erst ein paar Hilfsstiche: einmal den Steg in der Mitte, dann die längsten Punkte der einzelnen Spitzen. Anschließend die Lücken mit dem Plattstich ausfüllen.

MINI-STICKRAHMEN-ANHÄNGER

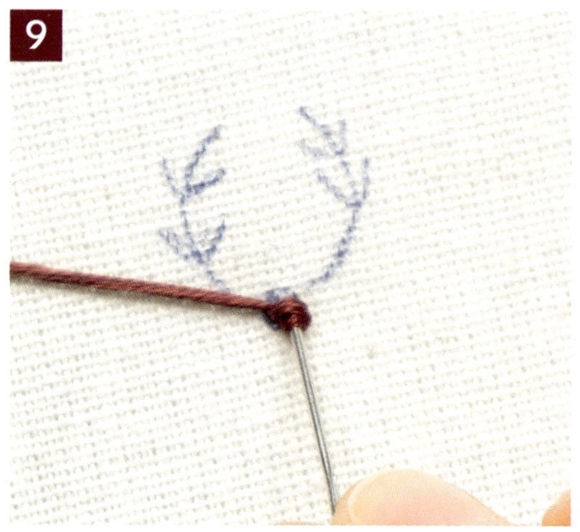

Für das Rentier stickst du zuerst die Nase mit dem Knötchenstich.

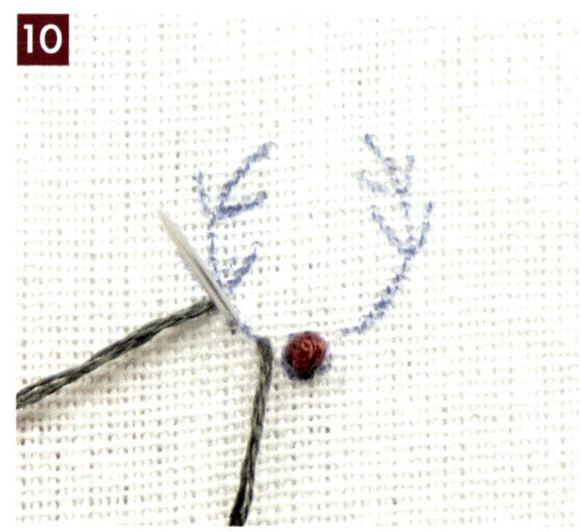

Anschließend das lange Stück des Geweihs mit dem Stielstich sticken (Seite 16).

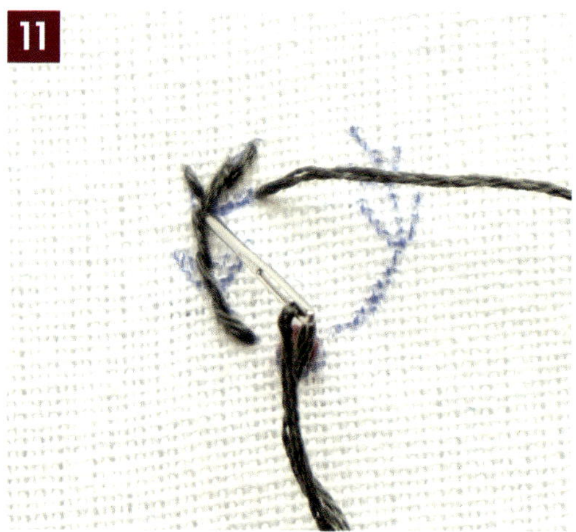

Die kurzen Teile des Geweihes stickst du mit dem Geradstich.

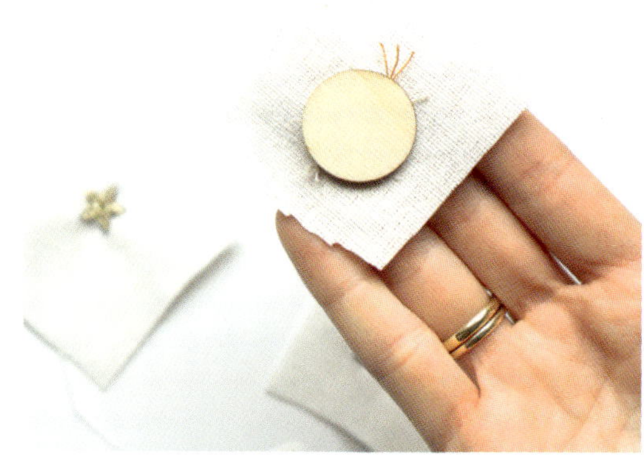

Schneide die einzelnen Motive großzügig aus. Lege den kleineren der beiden Holzkreise auf die Rückseite.

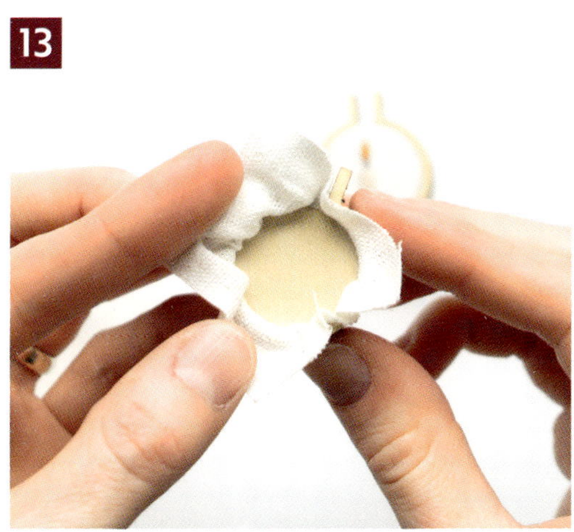

Jetzt stülpst du mithilfe des Rahmens dein Stickbild über den Holzkreis. Von vorn sollte das Motiv mittig und schön glatt im Stickrahmen liegen.

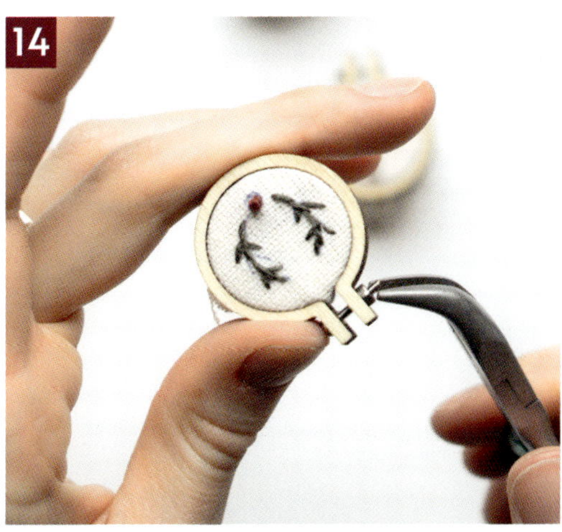

Schiebe die Schraube durch die Öffnung im Rahmen und befestige die Mutter von der Gegenseite. Du kannst dafür vorsichtig eine Zange verwenden.

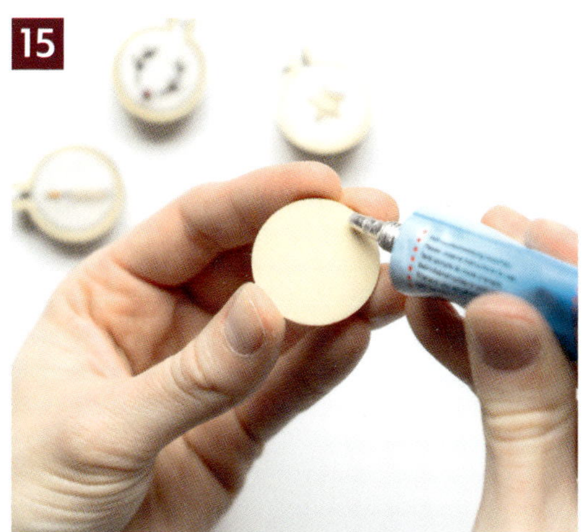

Schneide den überschüssigen Stoff ab und trage auf den Rand ein wenig Kleber auf.

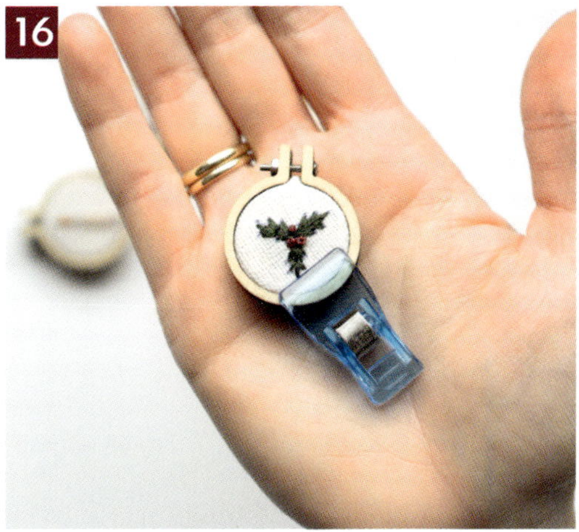

Du kannst auch ein paar Tropfen Kleber auf den größeren Kreis/Deckel aufbringen. Anschließend beide Teile fest zusammendrücken und gut trocknen lassen. Zum Fixieren kannst du auch eine kleine Stoffklammer verwenden.

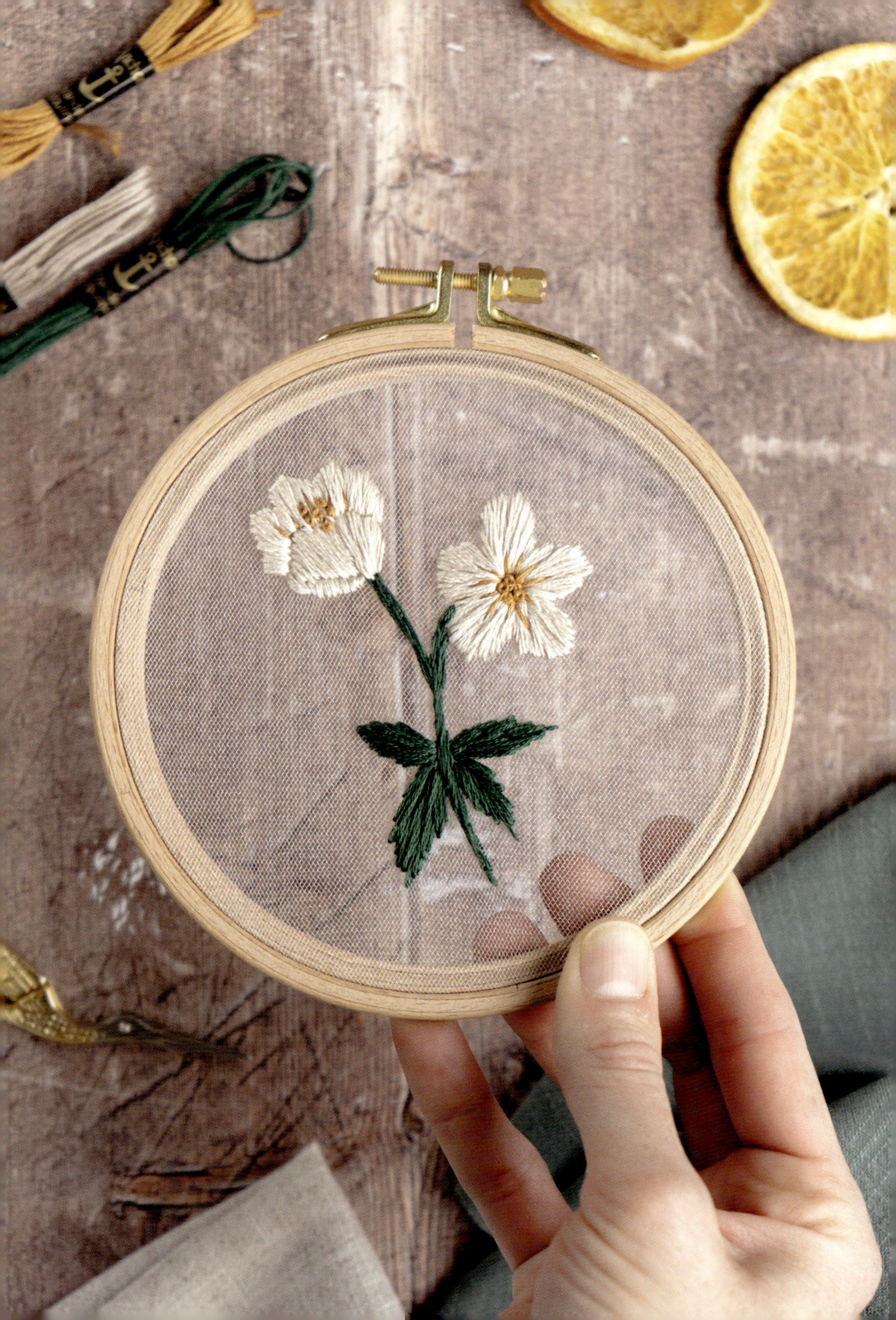

STICKRAHMEN mit Christrose

Schwierigkeitsgrad
Gehe es entspannt an, dieses Projekt braucht ein wenig mehr Zeit.

Wusstest du, dass man sogar auf Tüll sticken kann? Der Effekt ist einfach zauberhaft und filigran. Es wirkt fast so, als hätte man das Motiv in Eis eingefroren. In dieser Anleitung zeige ich dir, wie du eine Christrose auf das zarte Material sticken kannst.

Material

- Nadeln MIT Spitze No. 18-22
- Stickschere
- Stoffschere
- Tüllstoff ca. 20 cm breit
- Stickrahmen (13 cm) Nr. 2

- Sticktwist nach Wahl
Im Beispiel verwendet:
Anchor 00390, 00901, 00218

- Stickvorlage auf Seite 87

Stiche & Garnstärke

- versetzter Plattstich (3 Fäden)
- Plattstich (3 Fäden)
- Knötchenstich (3 Fäden)

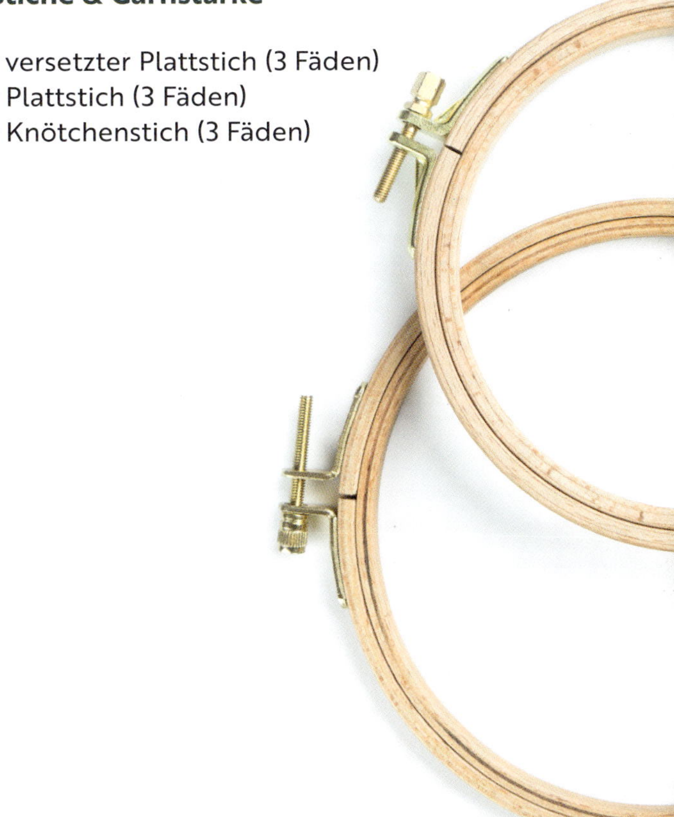

Tipp

Hier musst du sehr sorgfältig arbeiten, damit man die Fäden auf der Rückseite nicht sieht. Dafür werden die Knoten und losen Enden unter den Stichen versteckt.

STICKRAHMEN MIT CHRISTROSE

1

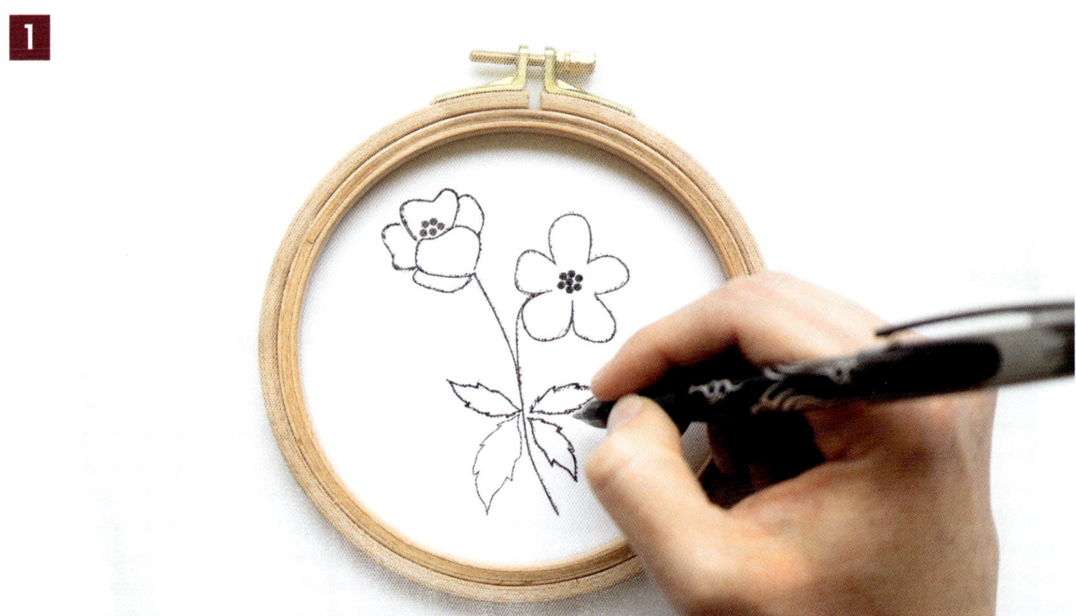

Im 1. Schritt überträgst du dir mithilfe eines Hitzestiftes das Motiv auf den Tüll. Dafür spannst du den Tüll in den Stickrahmen und überträgst das Motiv auf die Innen- / Rückseite. Der Tüll liegt dazu direkt auf der Vorlage.

2

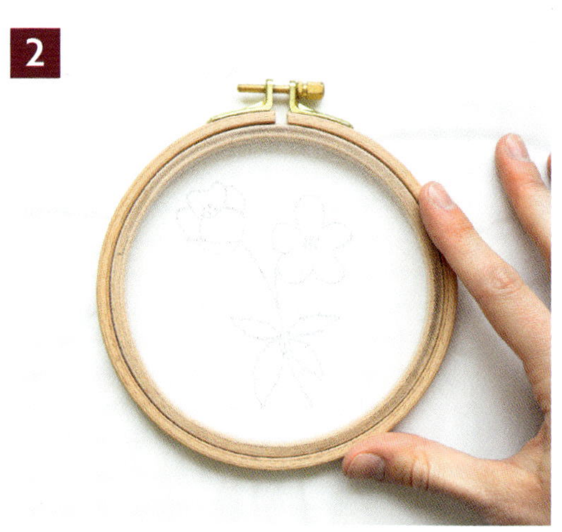

Spanne den Stoff jetzt erneut ein, damit das Motiv auch auf der Vorderseite sichtbar ist.

3

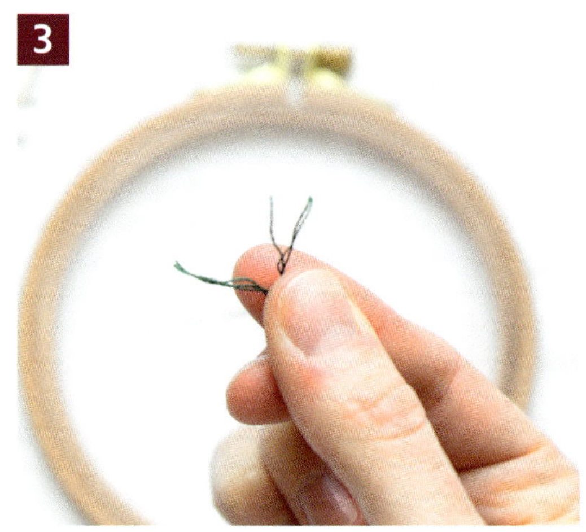

Das Motiv wird mit 3 Fäden gestickt.

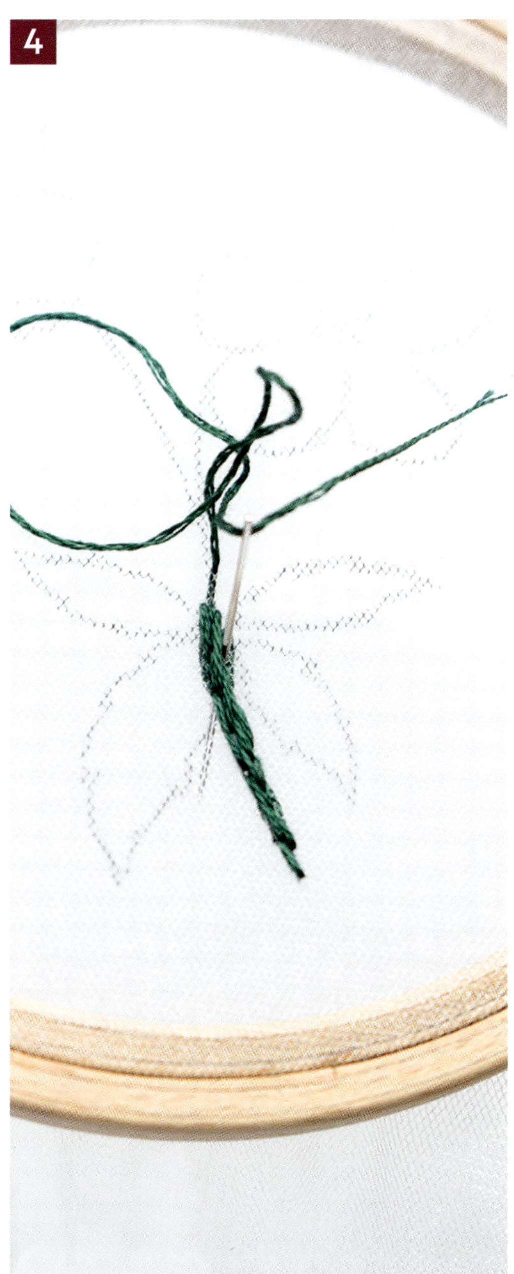

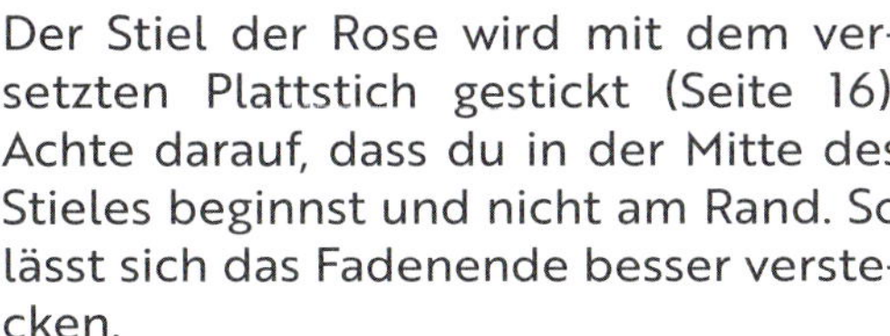
Der Stiel der Rose wird mit dem versetzten Plattstich gestickt (Seite 16). Achte darauf, dass du in der Mitte des Stieles beginnst und nicht am Rand. So lässt sich das Fadenende besser verstecken.

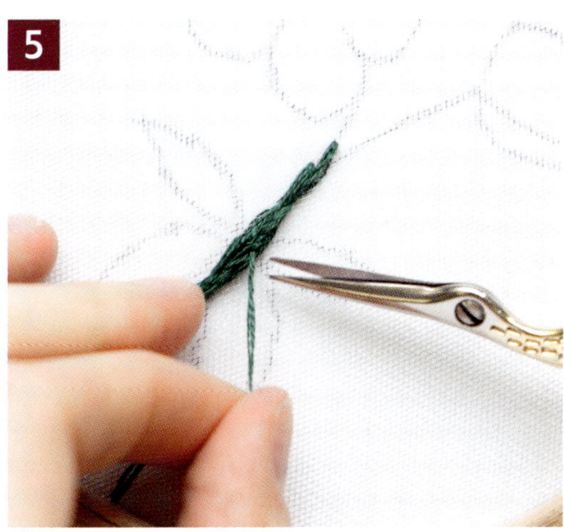

Das Ende vorsichtig vernähen und möglichst kurz abschneiden.

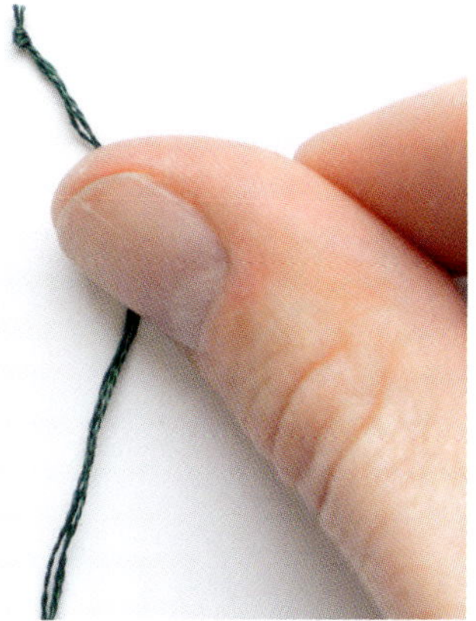

Auch beim Verknoten des Fadens solltest du darauf achten, den Knoten möglichst weit am Ende zu setzten, damit die losen Fäden nicht sichtbar sind.

STICKRAHMEN MIT CHRISTROSE

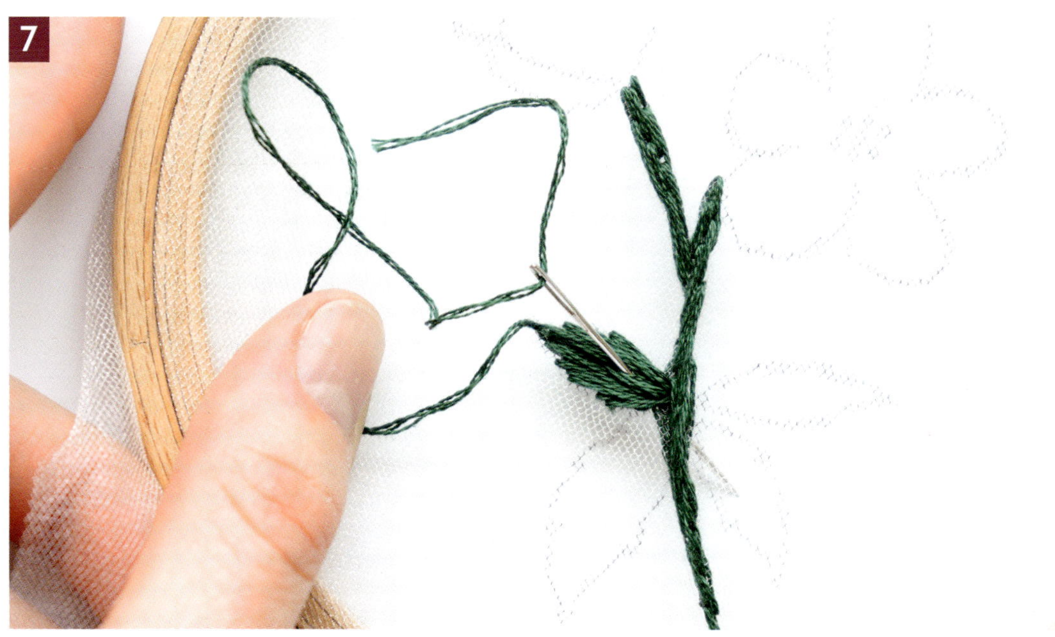

Die Blätter werden mit dem Plattstich gestickt. Den 1. Stich setzt du wieder mittig innerhalb des Blattes und arbeitest von dort nach außen.

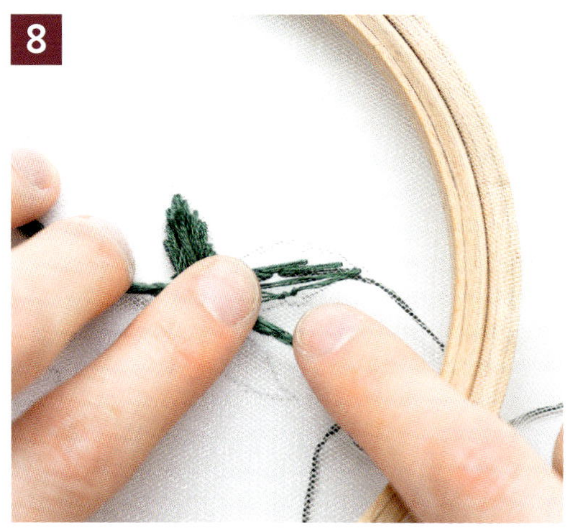

Hier siehst du, wie das aussehen sollte. Der Knoten wird so unter den folgenden Stichen versteckt.

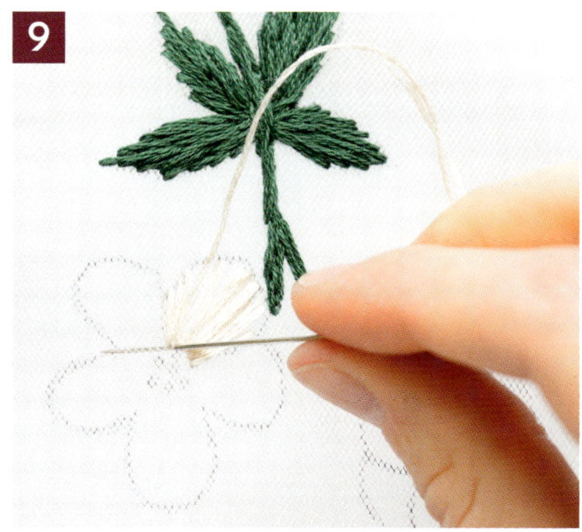

Nach dem gleichen Prinzip stickst du nun auch die Blütenblätter. Achte darauf, die Stiche möglichst gleichmäßig und dicht aneinanderzusetzen und nicht zu straff anzuziehen.

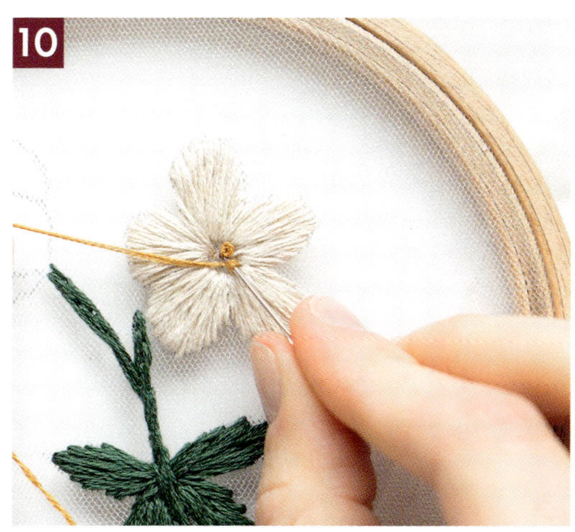

Die Mitte der Rose füllst du mit dem Knötchenstich (Seite 17). Der Faden wird 1-2 mal um die Nadel gewickelt.

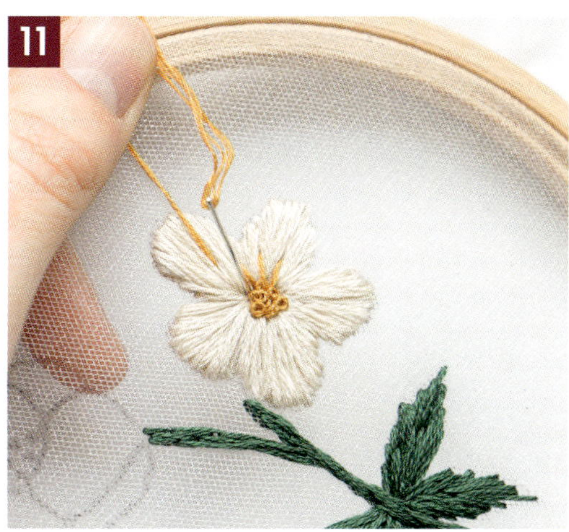

Für mehr Plastizität kannst du mit dem Geradstich noch ein paar Linien in die Rose sticken.

12

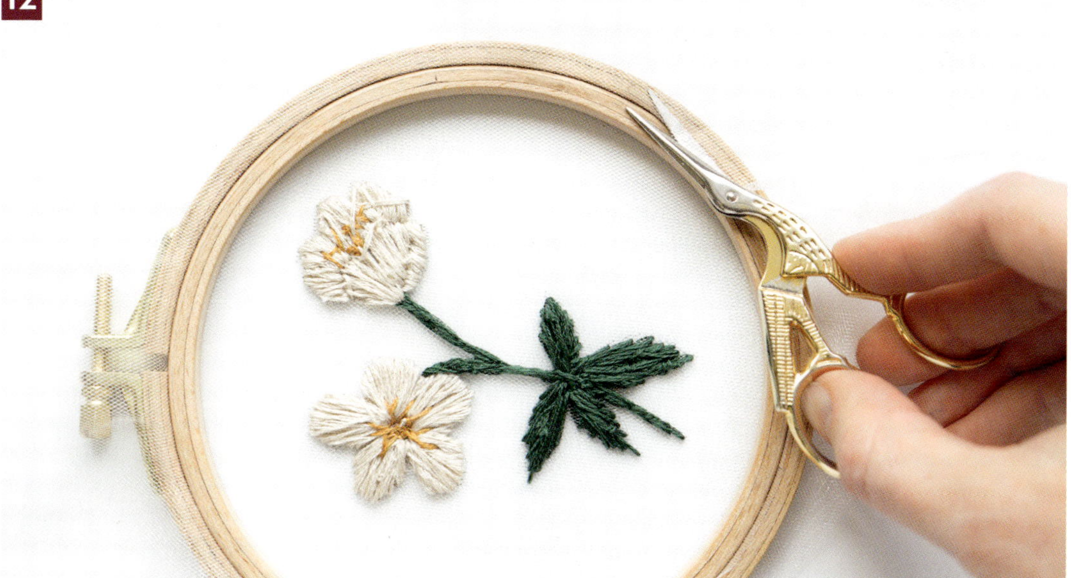

Wenn du ordentlich arbeitest, sollte deine Rückseite fast identisch mit der Vorderseite sein. Jetzt kannst du den überstehenden Tüll vorsichtig und dicht am Rahmen zurückschneiden.

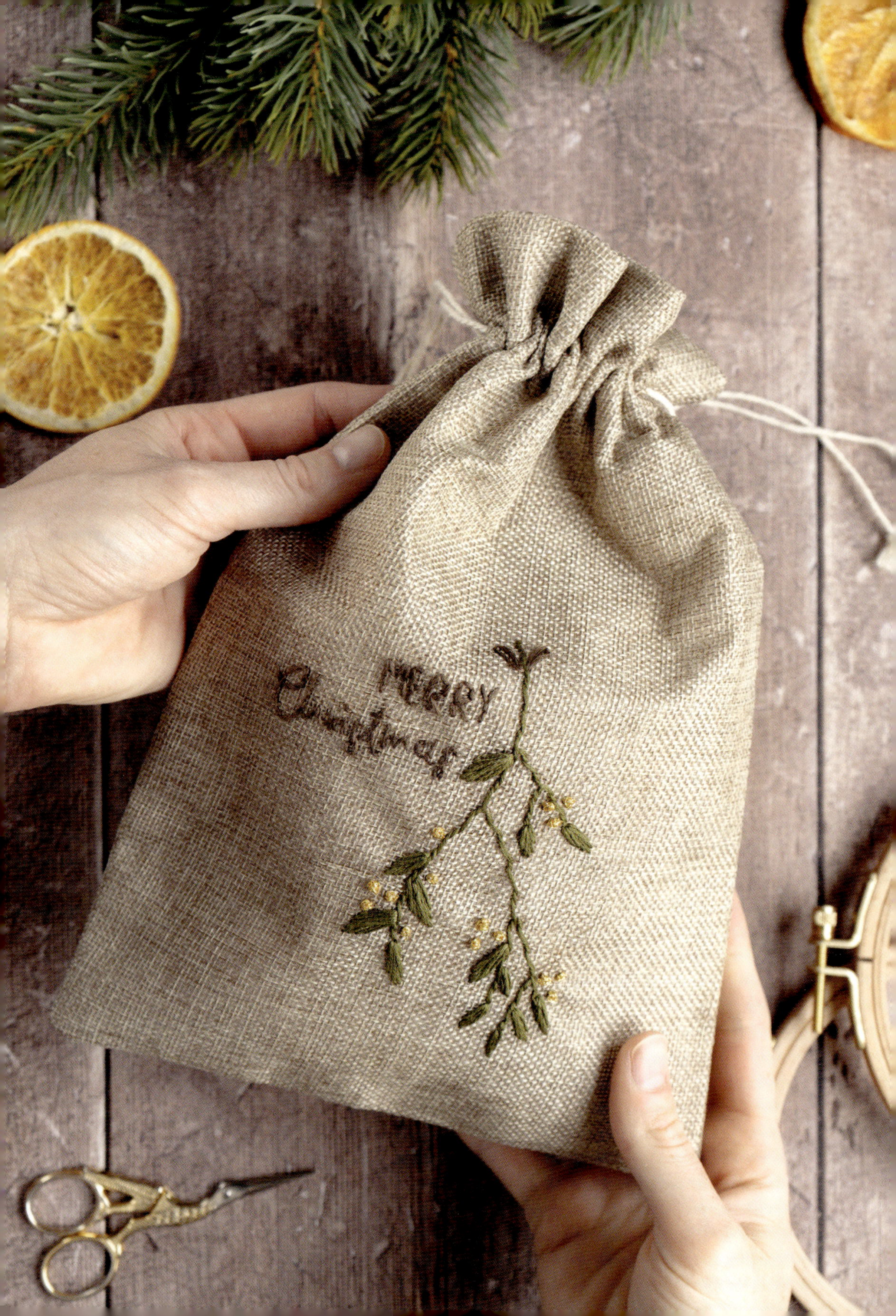
MERRY
Christmas

GESCHENKBEUTEL *besticken*

Schwierigkeitsgrad
Nimm dir ein bisschen Zeit

Eine tolle Alternative zum Geschenkpapier ist ein bestickter Geschenkbeutel, und bestickt sieht dieser auch noch richtig toll aus. Den Beutel kann man vorab selber nähen oder einen fertigen Beutel kaufen. Im Beispiel ist der Beutel ca. 20 cm breit und 30 cm hoch.

Material

- Nadeln MIT Spitze No. 18-22
- Stickschere
- Stoffbeutel
- ggf. Stickrahmen (16 cm) Nr. 3
- Wasserlösliches Vlies (Solufix)

- Sticktwist nach Wahl
Im Beispiel verwendet:
Anchor 00845, 01086, Gold 00303

- Stickvorlage auf Seite 86

Stiche & Garnstärke

- umwickelter Vorstich (6 Fäden)
- Plattstich (6 Fäden)
- Margeritenstich (6 Fäden)
- Knötchenstich (6 Fäden)
- Rückstich (6 Fäden)
- Stielstich (3 Fäden)

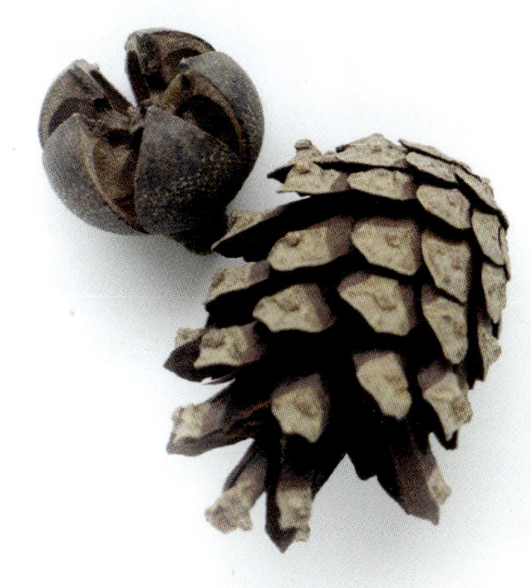

Tipp

Bei meinem Beutel habe ich keinen Stickrahmen benötigt, da das Material sehr stabil ist. Sollte dein Beutel aus einem dünneren Stoff bestehen, empfehle ich dir die Arbeit mit einem Stickrahmen. Das Motiv ist für einen Rahmen Nr. 3 geeignet.

GESCHENKBEUTEL BESTICKEN

1

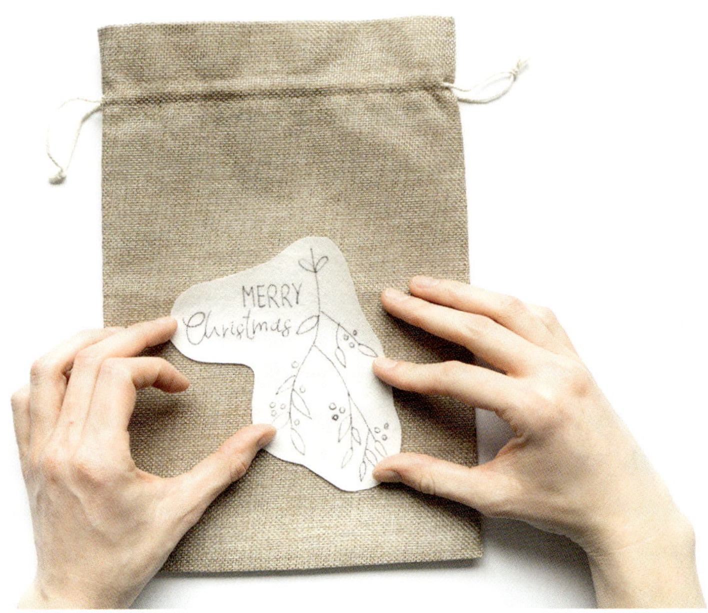

Übertrage die Vorlage auf das Solufix und platziere es auf dem unteren Drittel des Beutels. Bedenke, dass der Beutel beim Zuziehen oben schmaler wird.

2

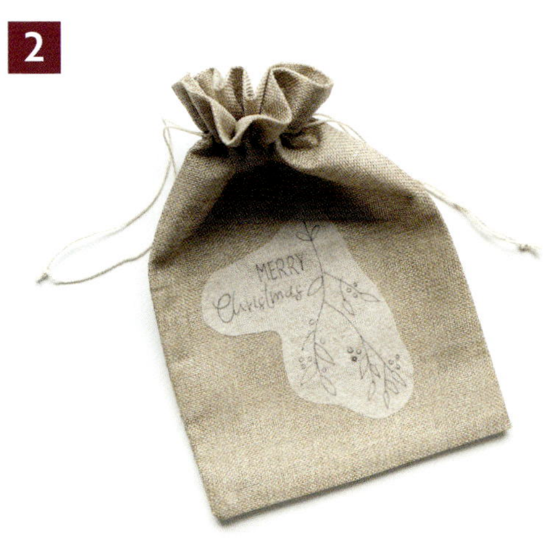

Entferne die Schutzfolien und klebe die Vorlage fest. Der Zweig wird mit 6 Fäden gestickt.

3

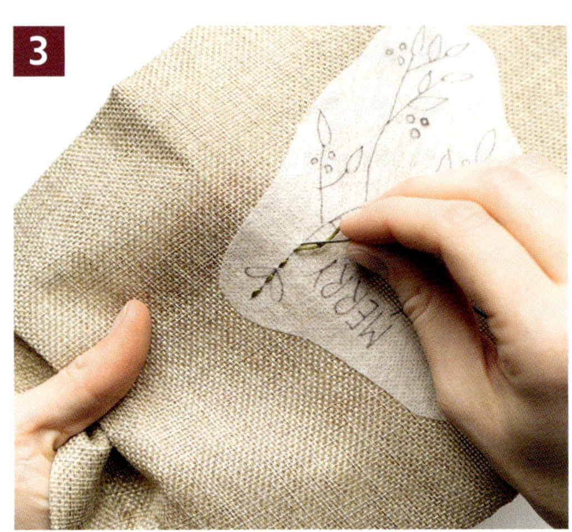

Die langen Stiele des Mistelzweiges werden mit dem umwickelten Vorstich gestickt (Seite 15). Alternativ kannst du auch den Stielstich verwenden (Seite 16).

4

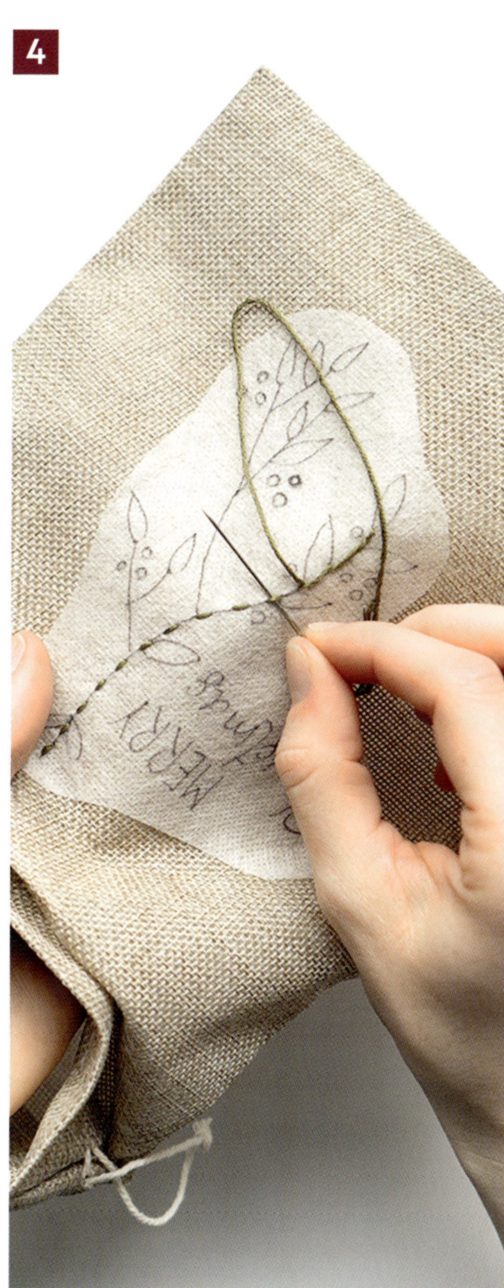

Dazu wird die Strecke zuerst mit dem Vorstich gestickt und anschließend der Faden unter den Stichen immer von der gleichen Seite hindurchgezogen.

5

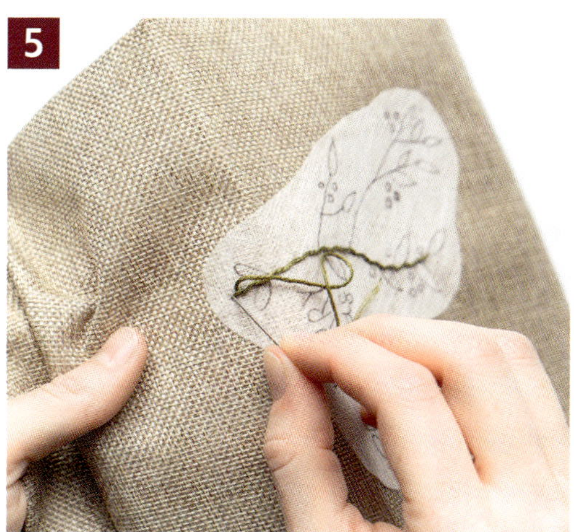

Am Ende angekommen stichst du die Nadel dicht neben dem Anfangspunkt ein und verknotest von der Innenseite.

6

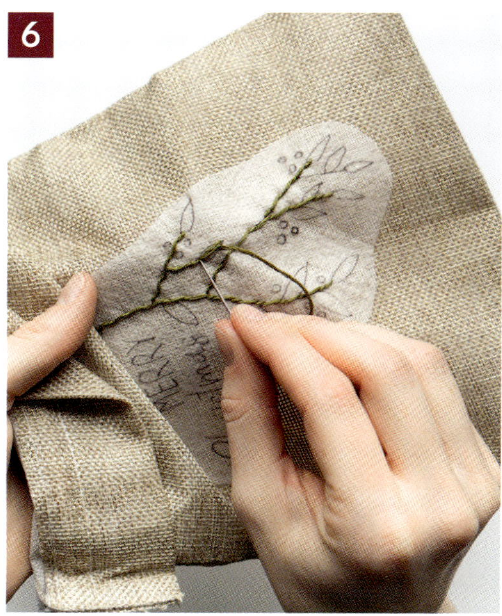

Die Blätter werden mit dem Plattstich gestickt (Seite 16).

GESCHENKBEUTEL BESTICKEN

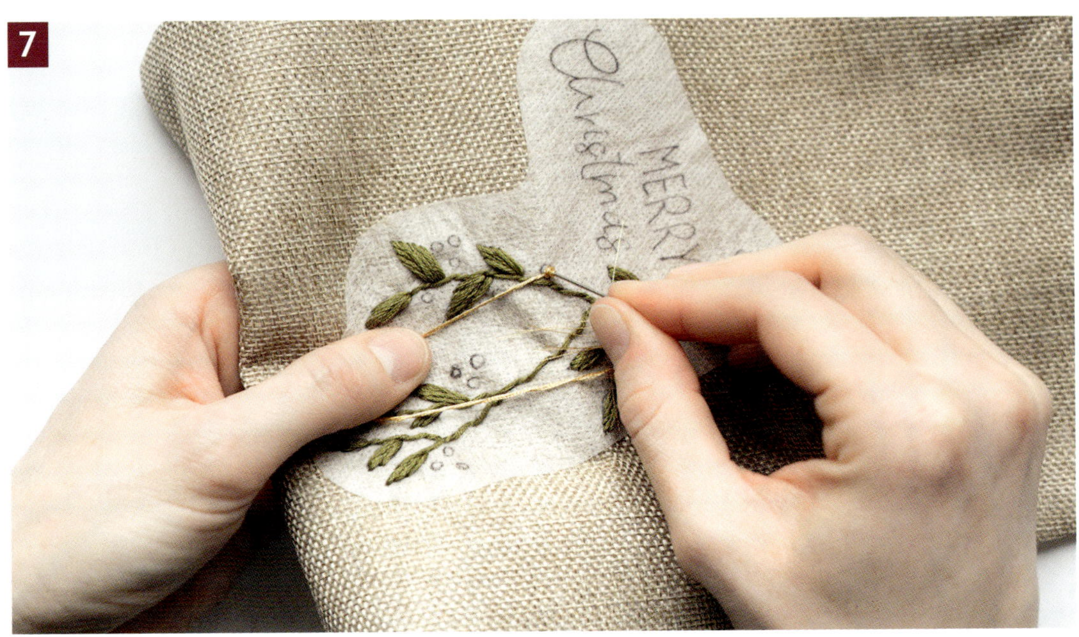

Die kleinen Früchte stickst du mit dem Knötchenstich. Den Faden dazu 1-2 mal um die Nadel wickeln (Seite 17).

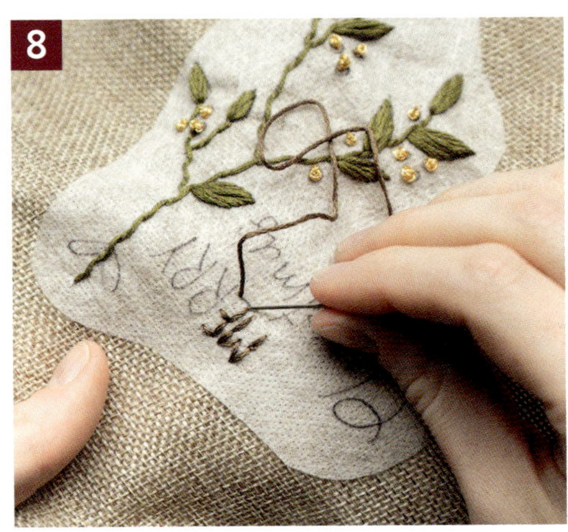

Das Wort „merry" wird mit dem Rückstich und 6 Fäden gestickt. Die kurzen Strecken des Buchstabens bilden die Stichlänge. In den Rundungen solltest du die Stiche etwas kürzer wählen.

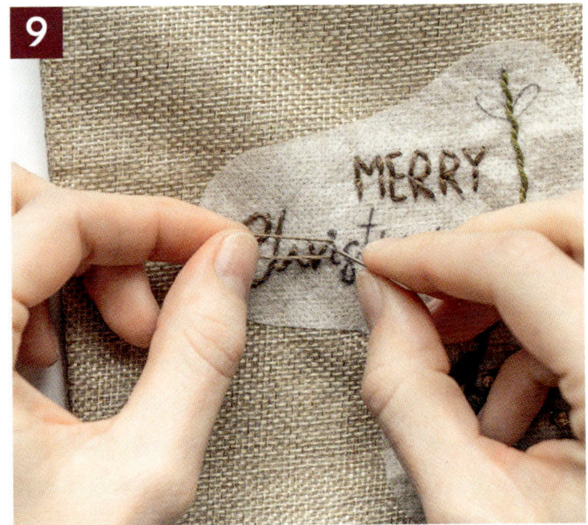

Für das Wort „Christmas" wird jetzt der Stielstich und 3 Fäden verwendet. Setze die Stiche möglichst kurz, damit die Rundungen gut herauskommen.

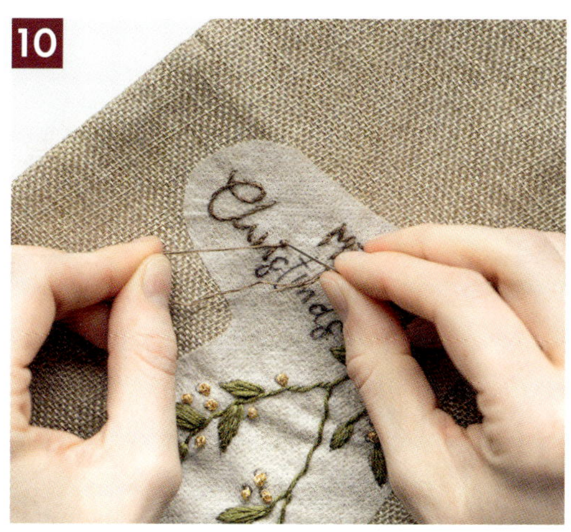

Den Punkt auf dem „i" stickst du mit einem Knötchenstich.

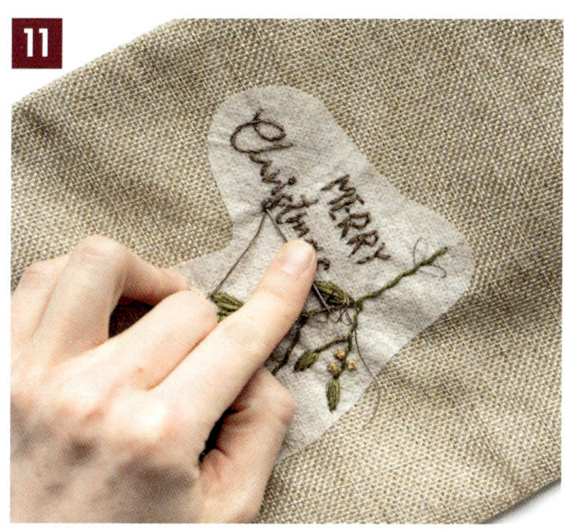

Wenn die Rundungen nicht ganz perfekt werden, kannst du die Stiche mit einem kleinen Geradstich in der Kontur fixieren.

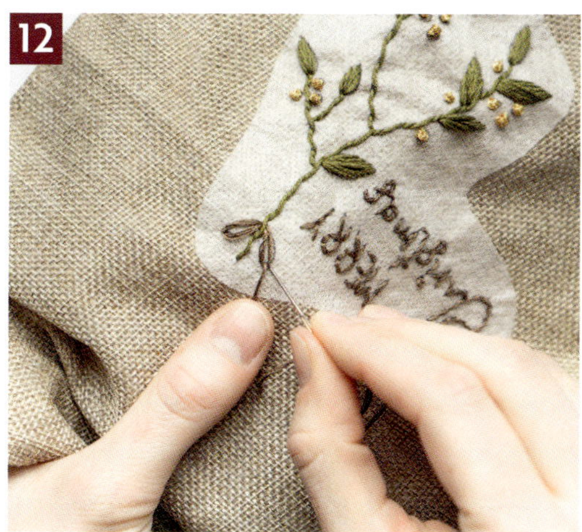

Die Schleife am Zweig stickst du wieder mit 6 Fäden und dem Margeritenstich (Seite 17).

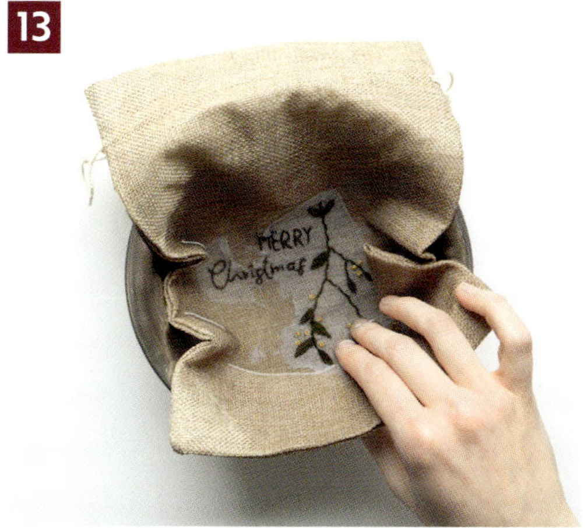

Das Solufix auswaschen und fertig ist dein Geschenkbeutel.

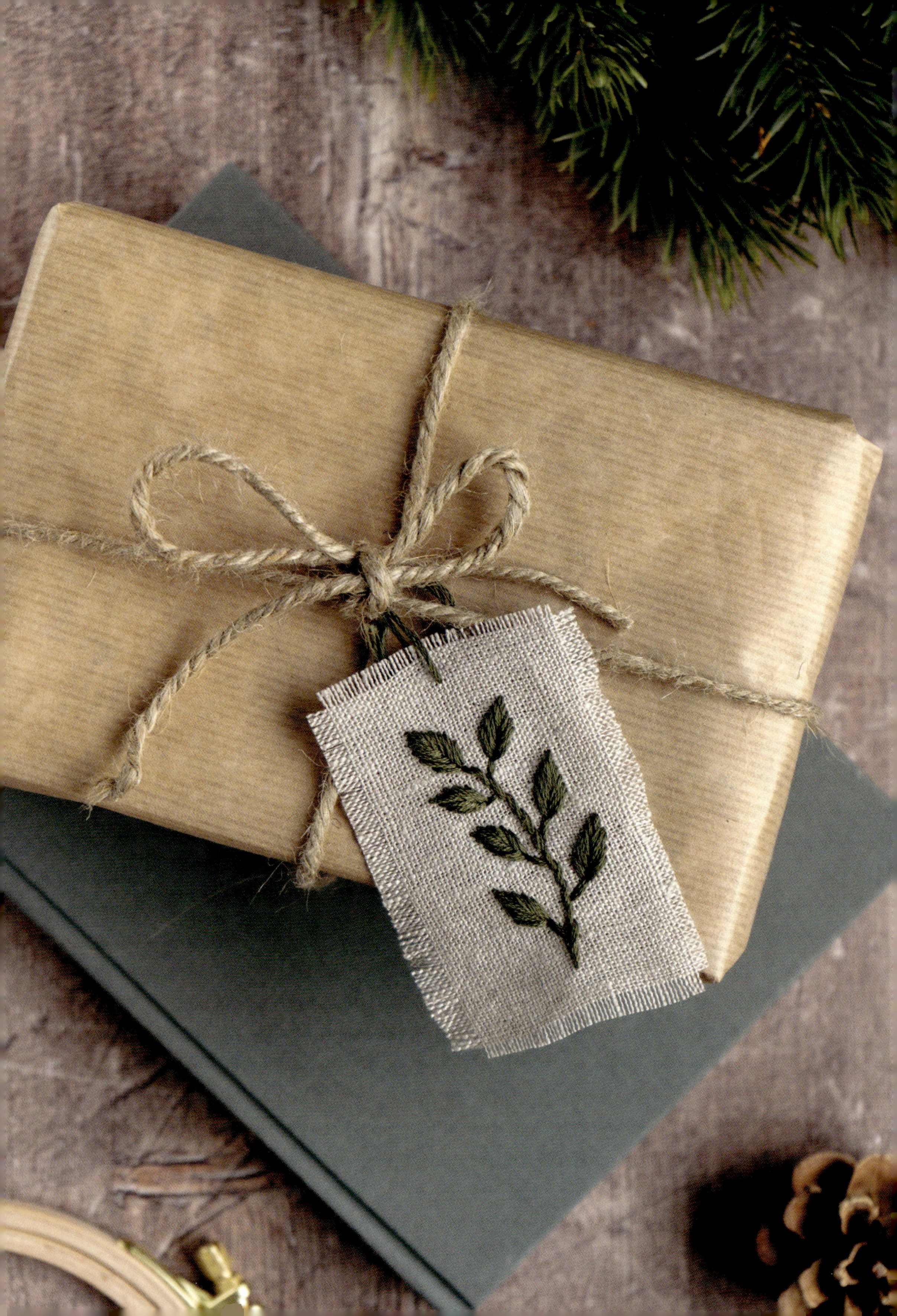

GESCHENK *Anhänger*

Schwierigkeitsgrad
Das schaffst du locker

Du hast noch ein paar Reste Leinen und Webware in der Schublade? Dann raus damit! Die sind nämlich wunderbar geeignet, um kleine Geschenkanhänger zu gestalten. In dieser Anleitung zeige ich dir, wie du so einen Anhänger mit einem kleinen Zweig mit nur wenigen Schritten kreieren kannst.

Material

- Nadeln MIT Spitze No. 18-24
- Stickschere
- Stoffschere
- Leinen / Webware
- Stickrahmen (13 cm) Nr. 2
- Hitzestift

- Sticktwist nach Wahl
Im Beispiel verwendet:
Anchor 00681

- Stickvorlage auf Seite 85

Stiche & Garnstärke

- Stielstich (6 Fäden)
- Geradstich (6 Fäden)
- Grätenstich (6 Fäden)

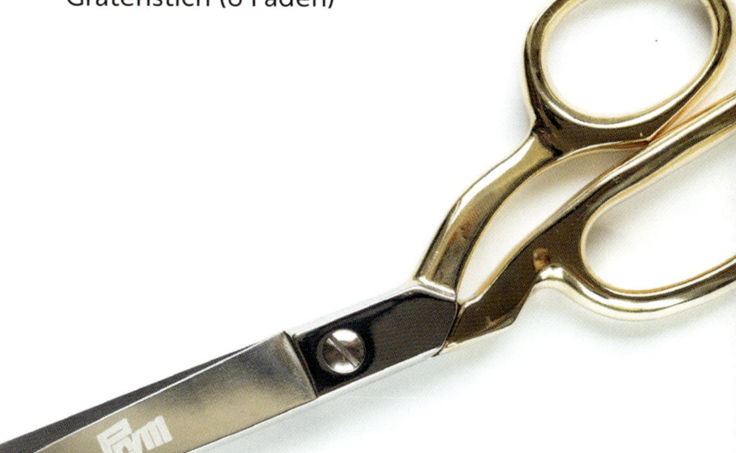

Tipp

Du solltest eine grobe Webware verwenden, damit die Ränder im Nachhinein schön ausgefranst werden können. Spanne den Stoff vor dem Aufzeichnen in den Stickrahmen. So lässt es sich besser zeichnen.

GESCHENKANHÄNGER

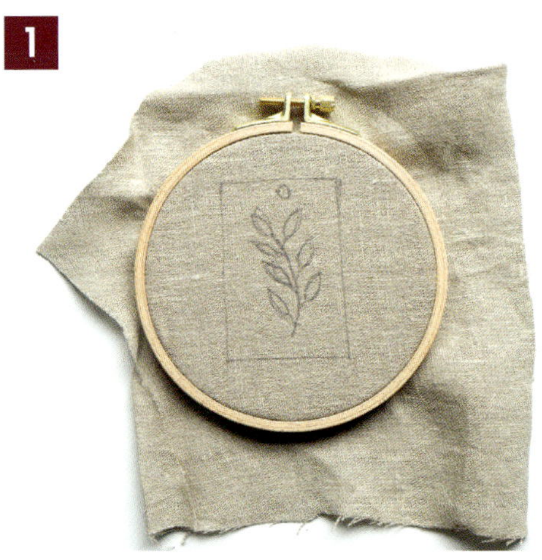

Zeichne das Motiv und die Kontur des Anhängers mit einem Hitzestift auf den Stoff. Das kannst du auch ohne Vorlage machen. Im Beispiel hat der Anhänger eine Größe von 8,5 cm x 5,5 cm.

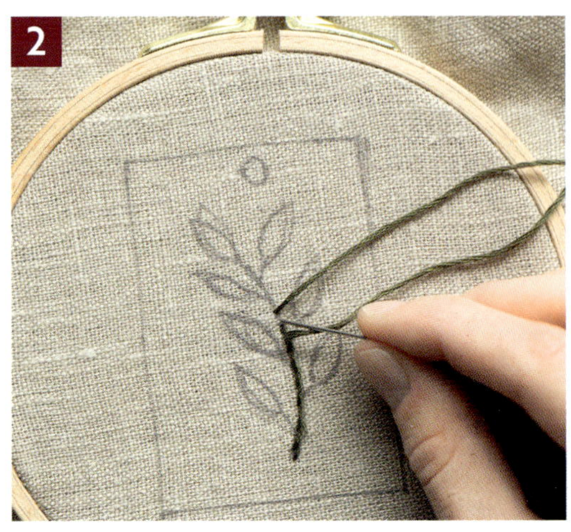

Den Stiel des Blattes stickst du mit dem Stielstich (Seite 16).

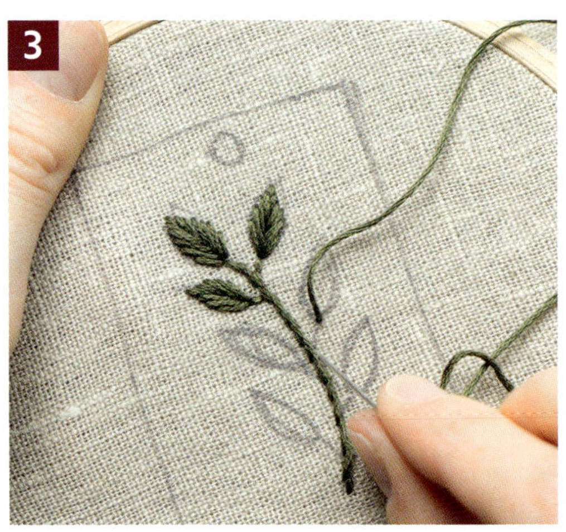

Die kurzen Linien stickst du mit dem Geradstich (Seite 15).

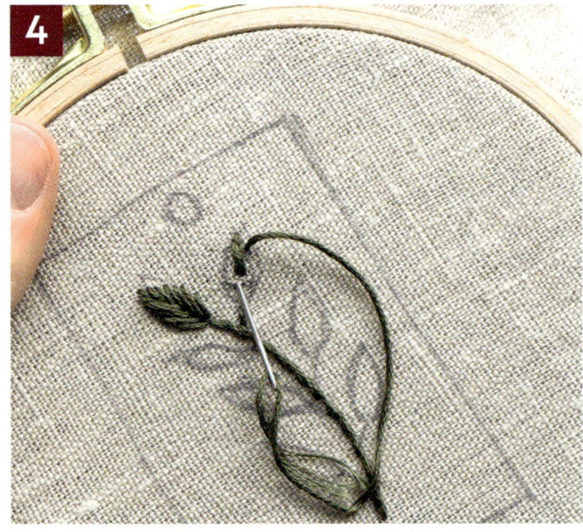

Für die Blätter verwendest du den Grätenstich (Seite 16).

5

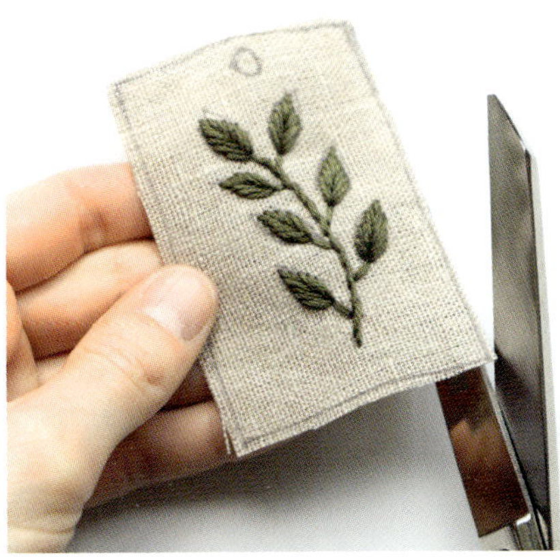

Schneide den Anhänger entlang der Kontur aus. Beachte, dass der Rand ausgefranst wird. Rechne also gern 4-5 mm dazu.

6

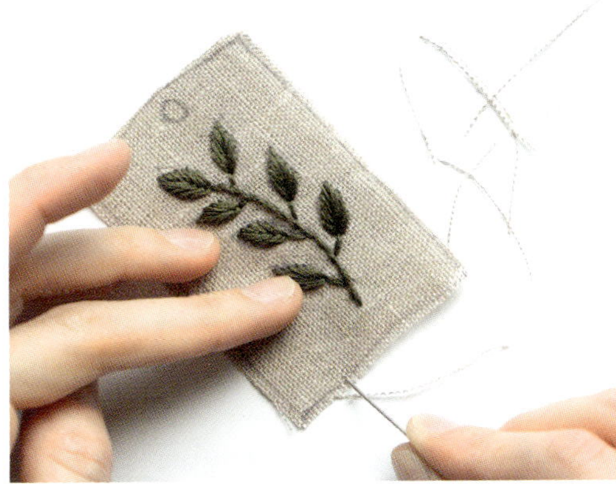

Mit einer Nadel kannst du jetzt die einzelnen Fäden, die parallel zur Schnittkante liegen, herausziehen.

7

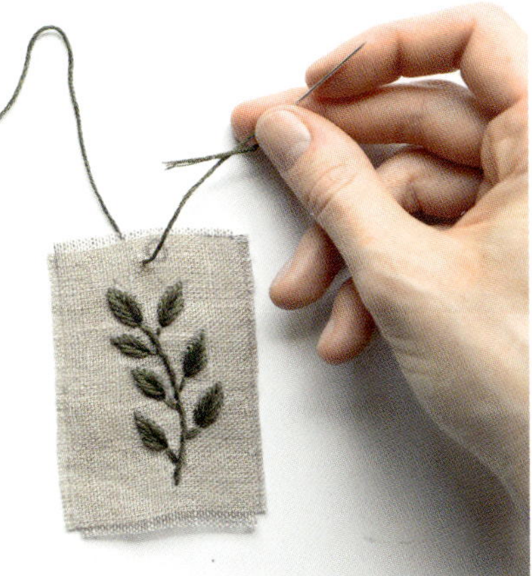

Für die Aufhängung ziehst du einen ca. 15-20 cm langen Faden durch den oberen Teil des Anhängers.

8

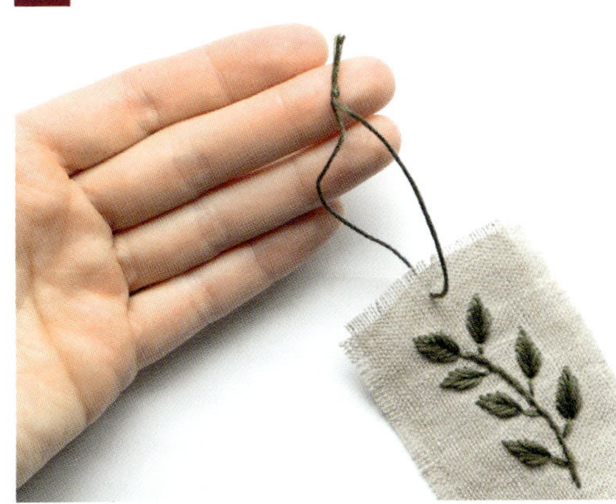

Anschließend die Fadenenden verknoten und die Überreste des Stiftes mit dem Föhn entfernen.

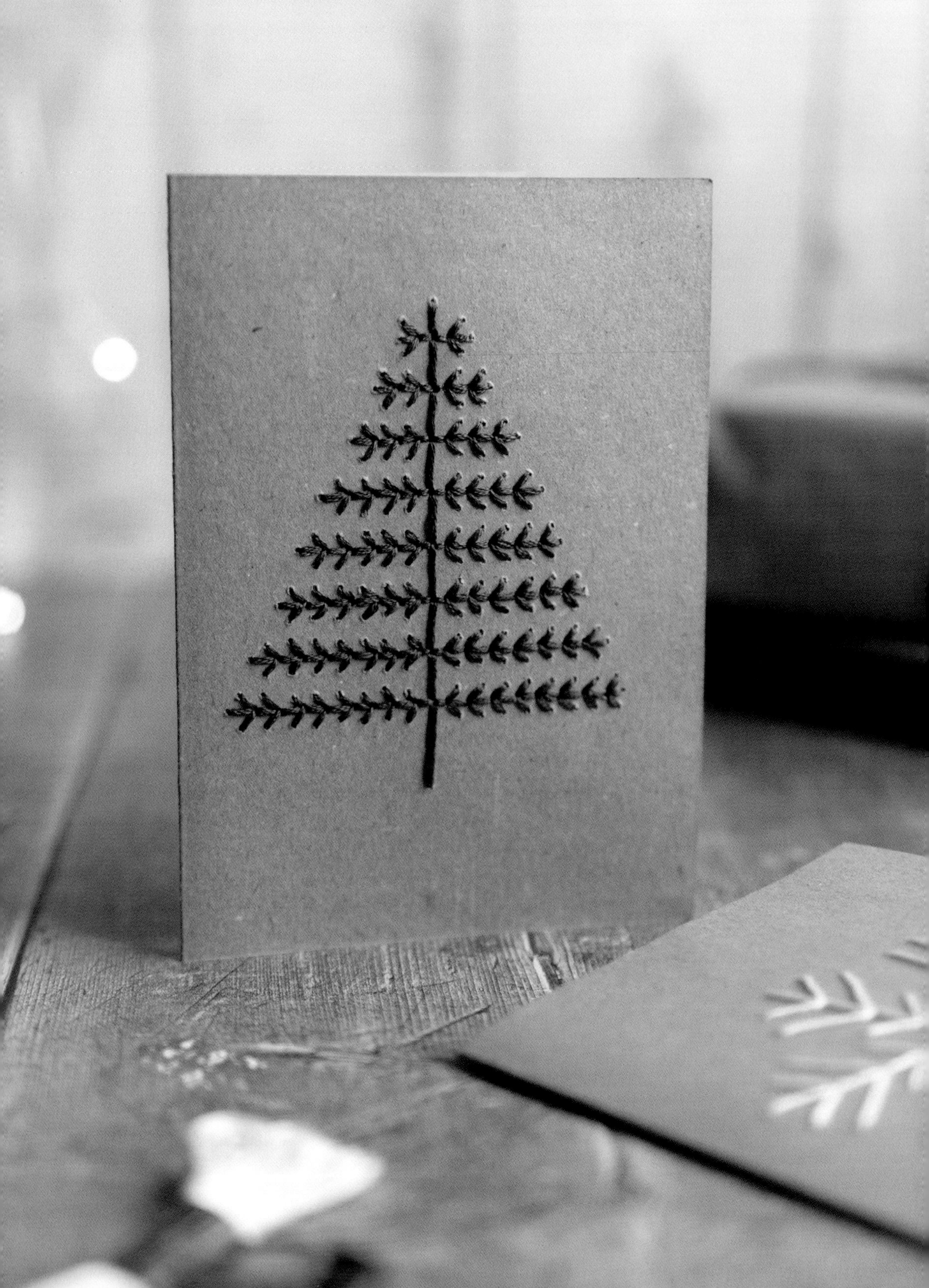

WEIHNACHTS*Karte*

Schwierigkeitsgrad
Das schaffst du locker

Bist du noch auf der Suche nach einer schnellen und festlichen Idee, die du auch wunderbar mit Kindern umsetzen kannst? Dann sind diese Weihnachtskarten genau das Richtige.

Material

- Nadeln MIT Spitze No. 18-24
- Stickschere
- Klappkarte DIN A6

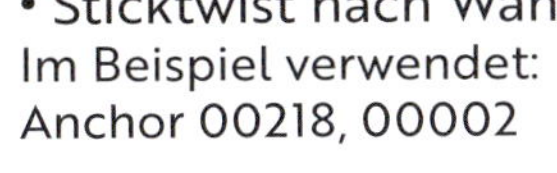

- Sticktwist nach Wahl
Im Beispiel verwendet:
Anchor 00218, 00002

- Stickvorlage auf Seite 88

Stiche & Garnstärke

- Geradstich (6 Fäden)
- Rückstich (6 Fäden)

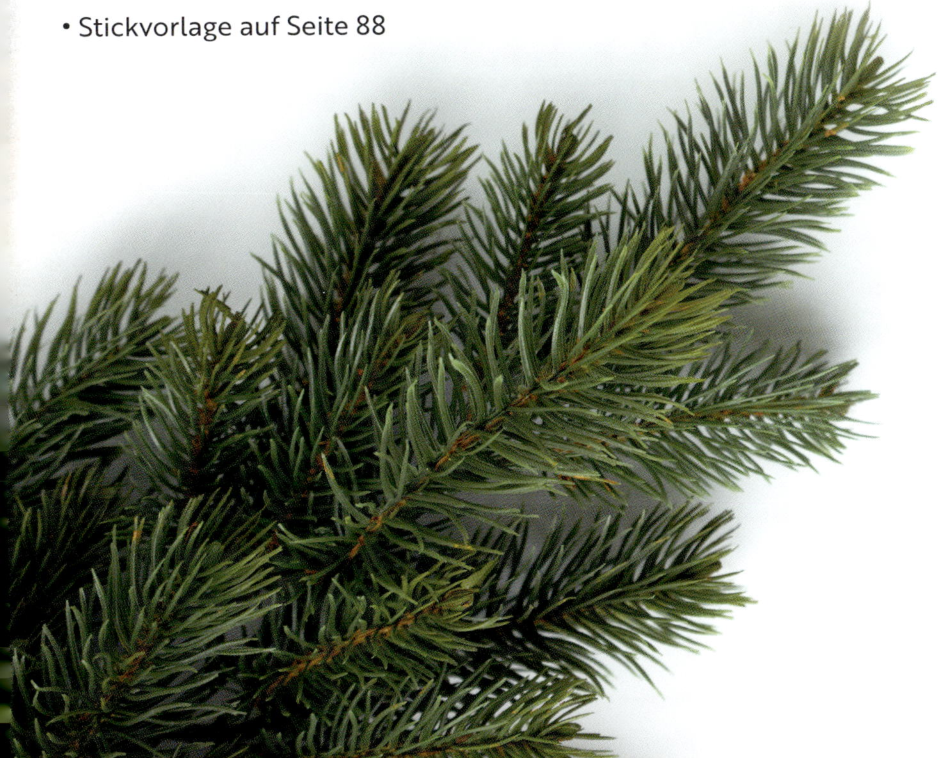

WEIHNACHTSKARTE

1

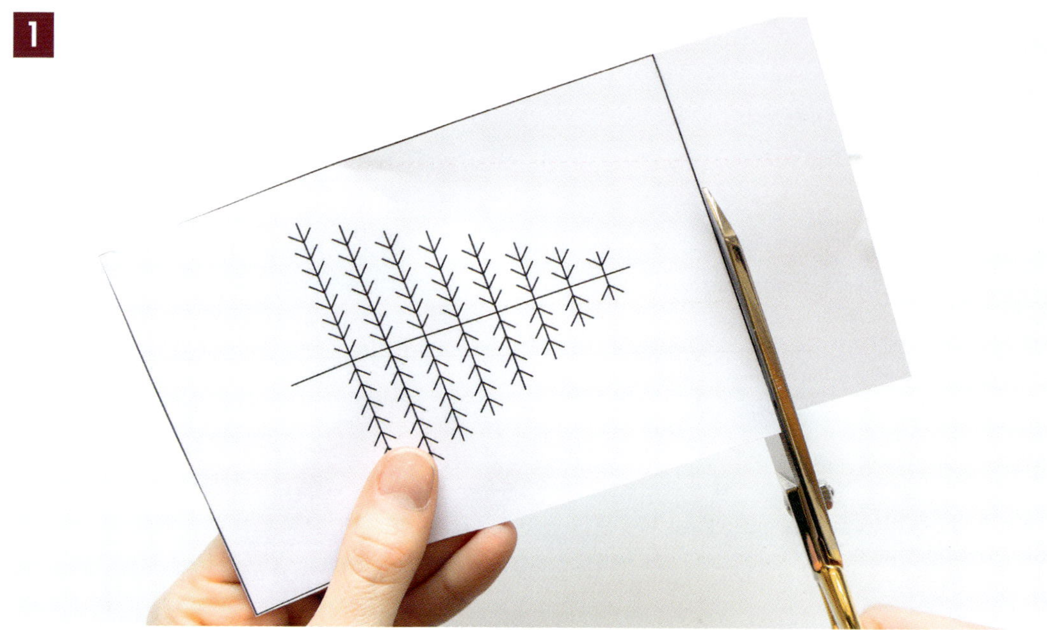

Kopiere die Vorlage von Seite 88 und schneide das Motiv an der Kontur aus.

2

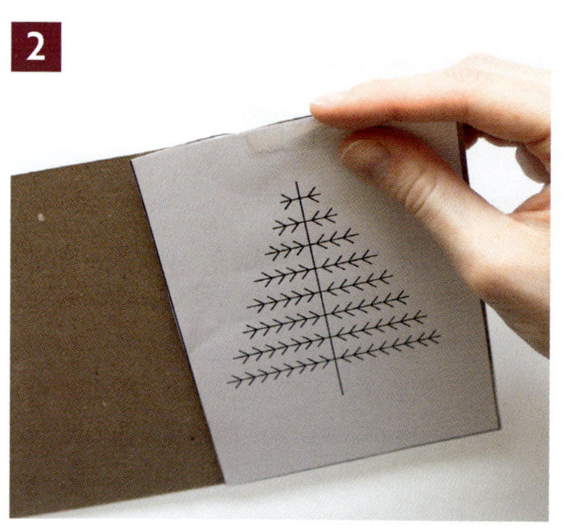

Positioniere die Vorlage auf der Karte und fixiere sie mit einem Stück Klebeband.

3

Am besten eignet sich Washi-Tape, da die Klebkraft geringer ist.

4

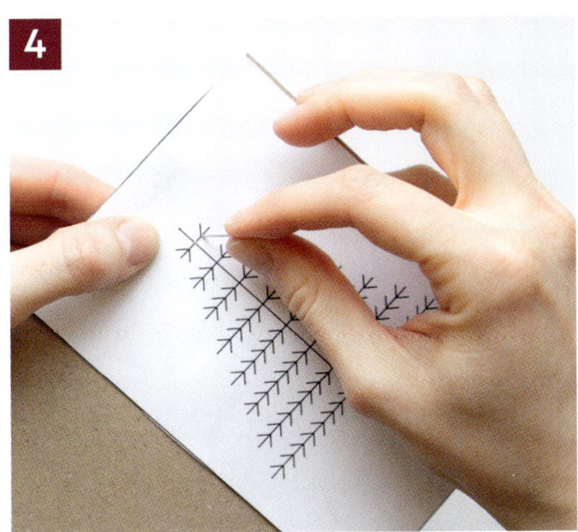

Mit einer spitzen Nadel werden die Einstickpunkte vorgestochen. Das sind die Punkte, an denen die Linien aufeinandertreffen oder enden.

5

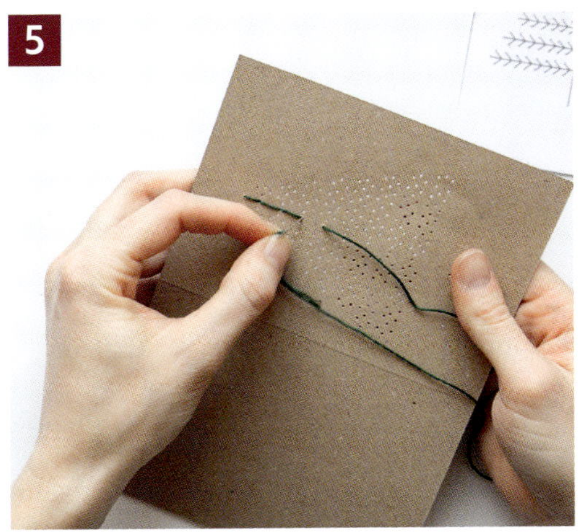

Wenn alle Löcher vorgestochen sind, kann die Vorlage entfernt werden. Die Mitte des Baumes wird jetzt mit dem Rückstich gestickt (Seite 15).

6

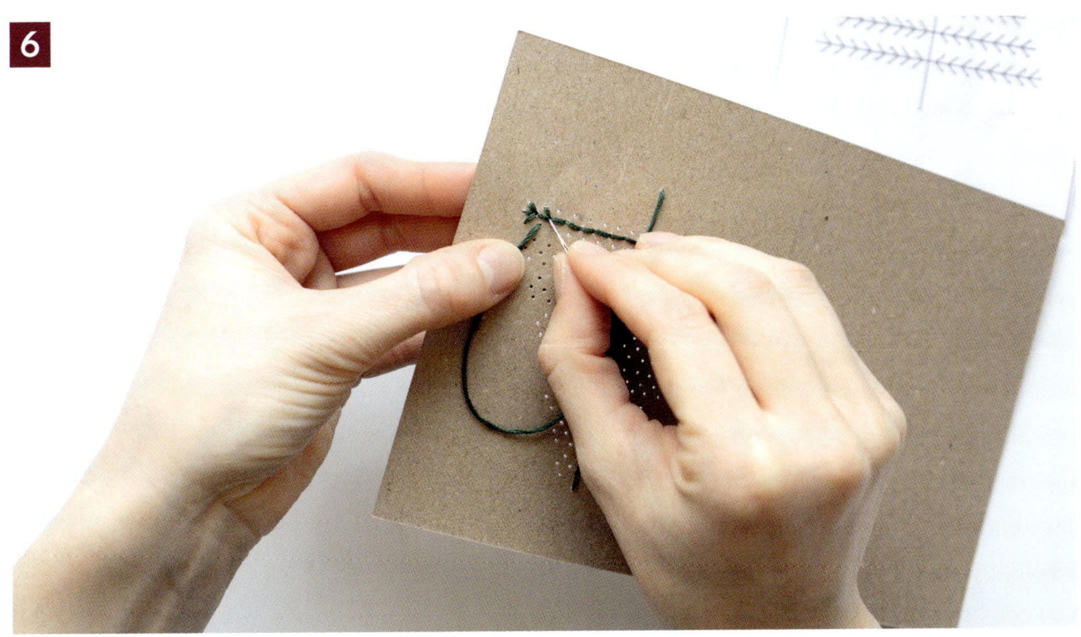

Die Zweige stickst du ebenfalls mit dem Rückstich. Die einzelnen Nadeln werden dann mit dem Geradstich von außen nach innen gestickt.

WEIHNACHTSKARTE

7

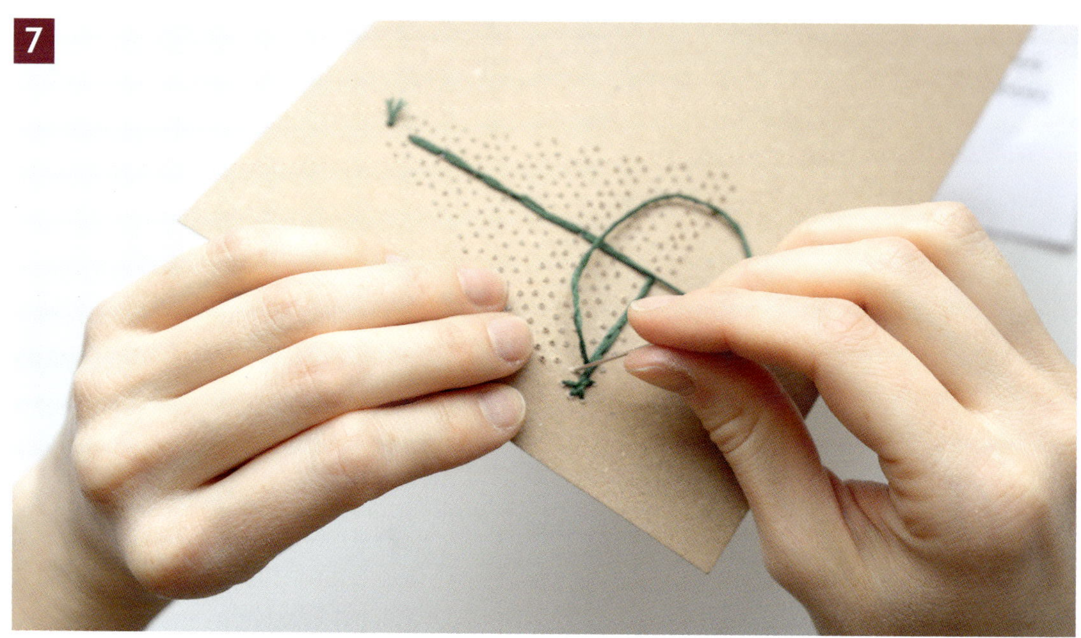

Von der Rückseite sollte das so aussehen. Stich mit der Nadel immer genau durch die vorher gesetzten Löcher.

8

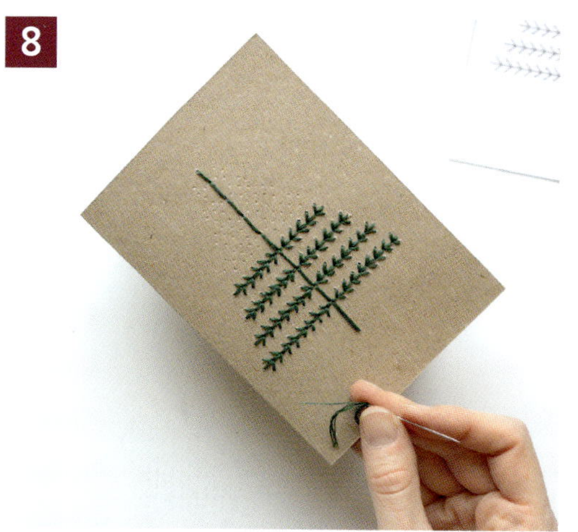

So arbeitest du die Tanne von unten nach oben.

9

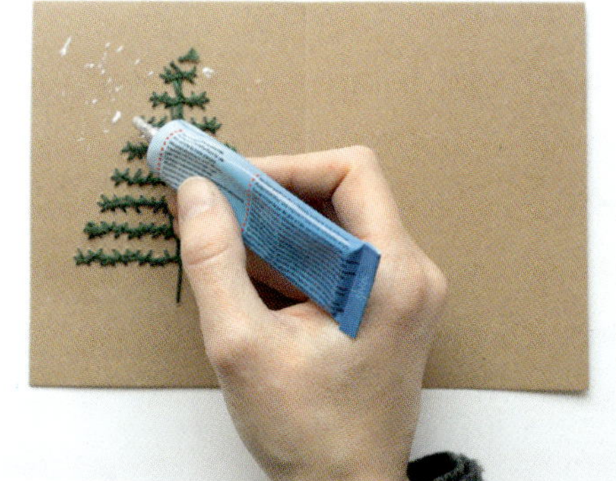

Bestreiche die Innenseite der Karte mit etwas Klebstoff.

10

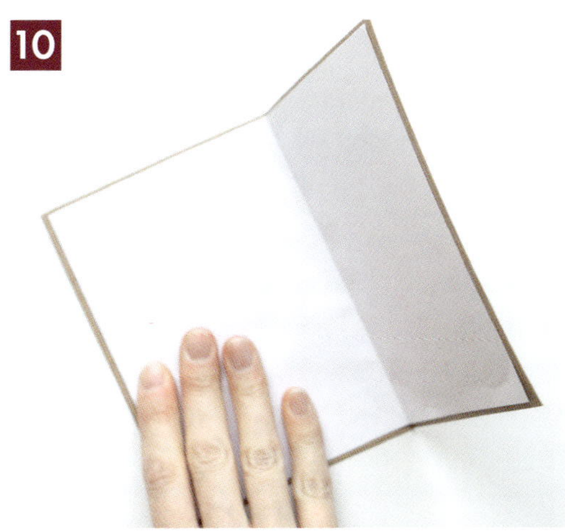

Auf diese Seite klebst du ein Stück dickes, weißes Papier. So wird die Rückseite der Stickerei kaschiert.

11

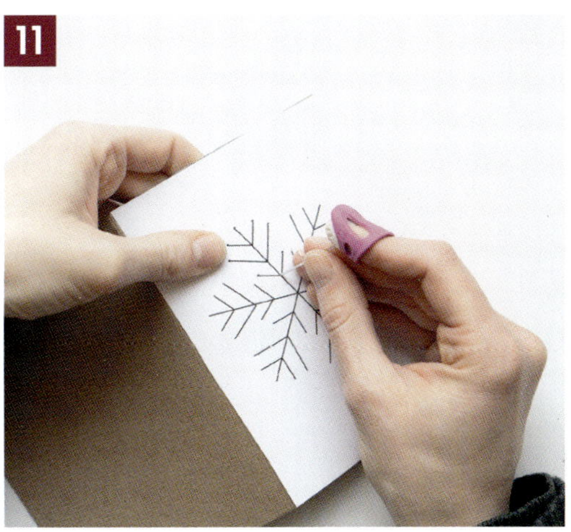

Für das Schneeflocken-Motiv wiederholst du die Schritte 1-4.

12

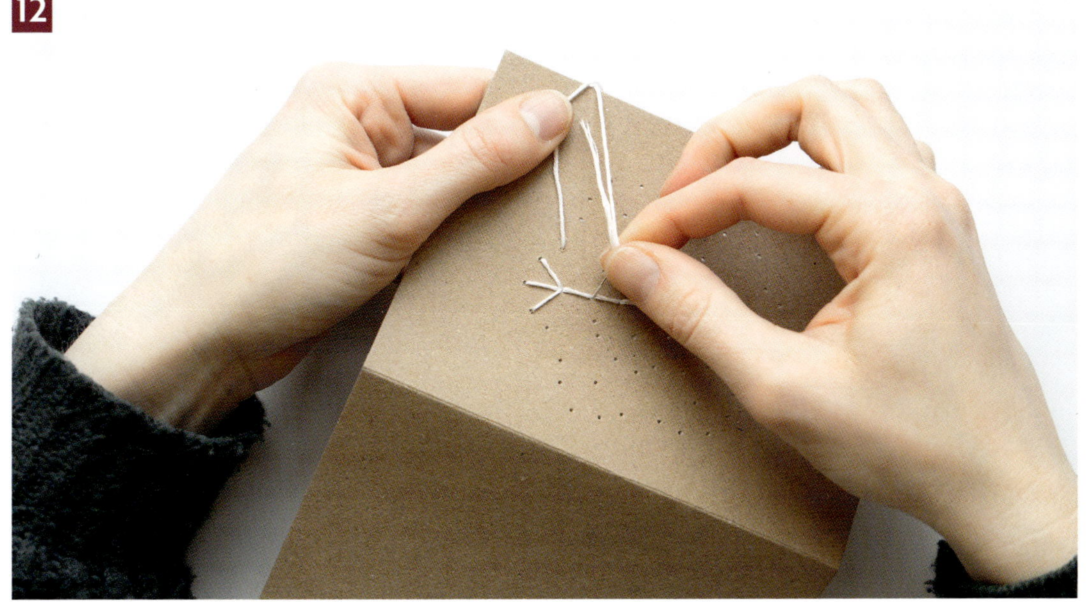

Die langen Linien werden mit dem Rückstich und die kurzen Linien mit dem Geradstich gestickt. Anschließend die Rückseite mit einem Blatt Papier bekleben und die Karte verschicken.

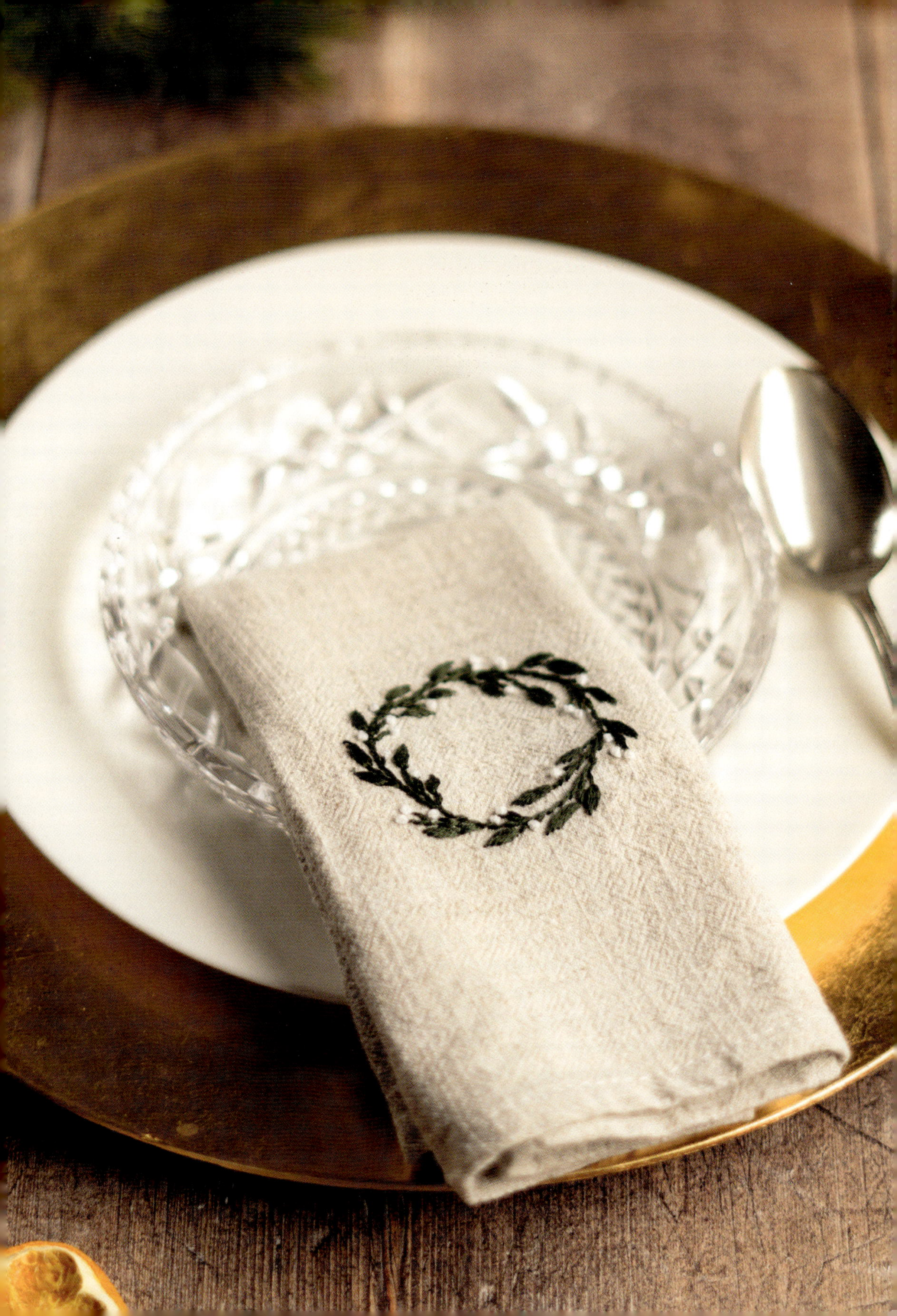

SERVIETTE *besticken*

Schwierigkeitsgrad
Nimm dir ein bisschen Zeit

Kennst du noch diese wunderschönen alten Servietten von deiner Großmutter? Echte Unikate und besonders für die Festtagstafel etwas ganz Besonderes. In dieser Anleitung zeige ich dir, wie du eine Stoffserviette mit einem kleinen Blätterkranz verzieren kannst.

Material

- Nadeln OHNE Spitze No. 18-22
- Stickschere
- Stoffschere
- T-Shirt
- Stickrahmen (13 cm) Nr. 2
- Wasserlösliches Vlies (Solufix)

- Sticktwist nach Wahl
Im Beispiel verwendet:
Anchor 00862, 0002

- Stickvorlage auf Seite 89

Stiche & Garnstärke

- Stielstich (3 Fäden)
- Plattstich oder Grätenstich (3 Fäden)
- Knötchenstich (3 Fäden)

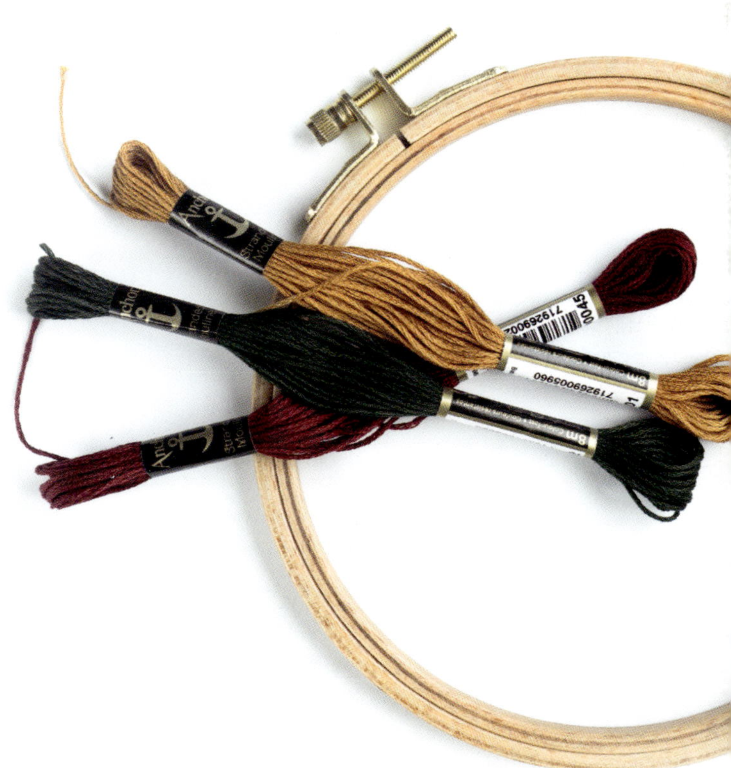

SERVIETTE BESTICKEN

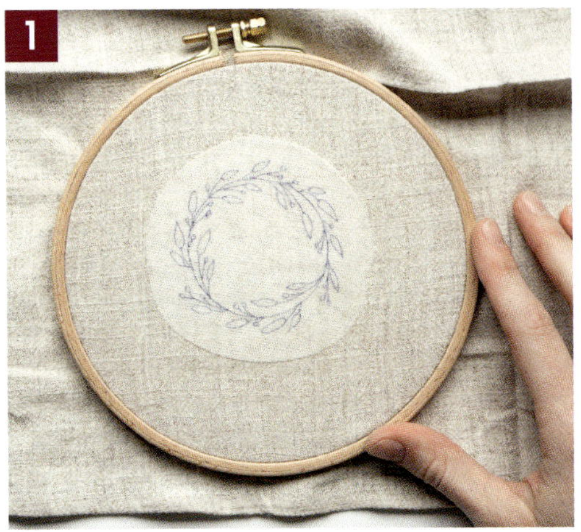

Übertrage die Vorlage auf das Solufix und positioniere das Motiv an der gewünschten Stelle. Entferne die Schutzfolien und klebe die Vorlage fest.

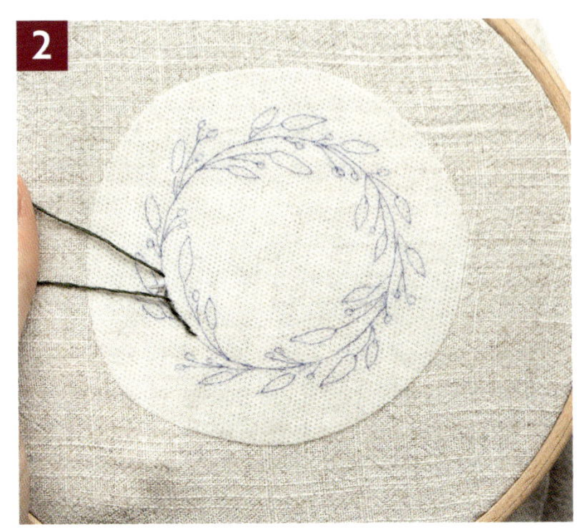

Sticke die Kontur des Kranzes mit dem Stielstich (Seite 16). Das Motiv wird mit 3 Fäden gestickt.

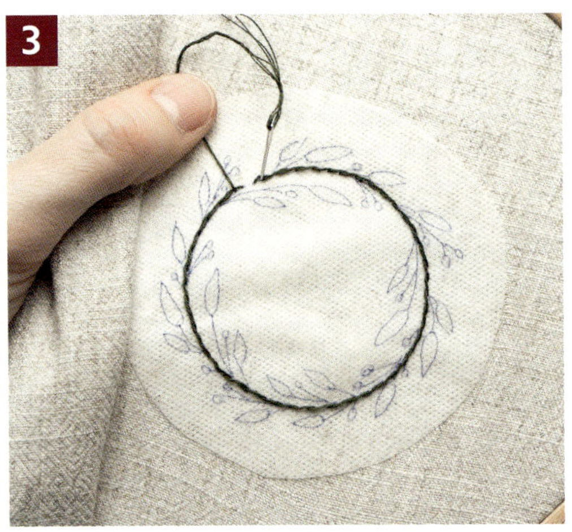

Der letzte Stich endet in der Mitte des 1. Stiches.

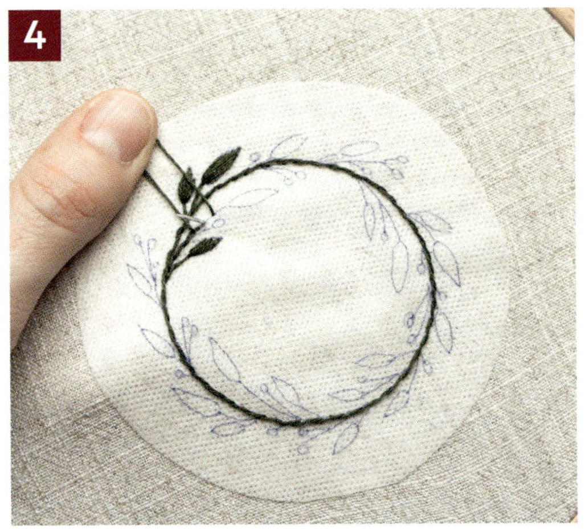

Auch die kleinen Stiele zu den Blättern werden mit diesem Stich gestickt.

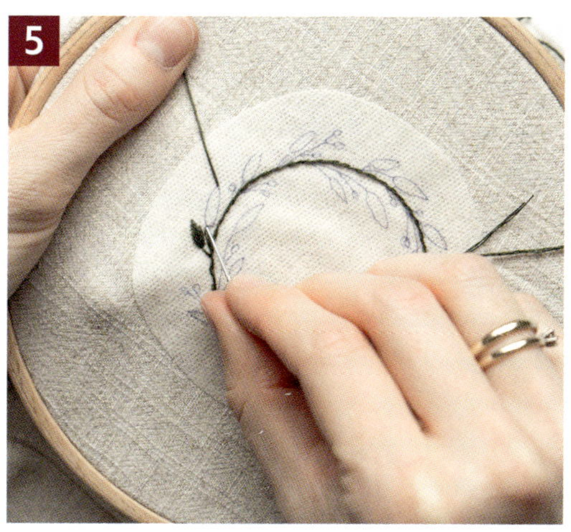

Die einzelnen Blätter kannst du entweder mit dem Plattstich oder auch mit dem Grätenstich sticken (Seite 16).

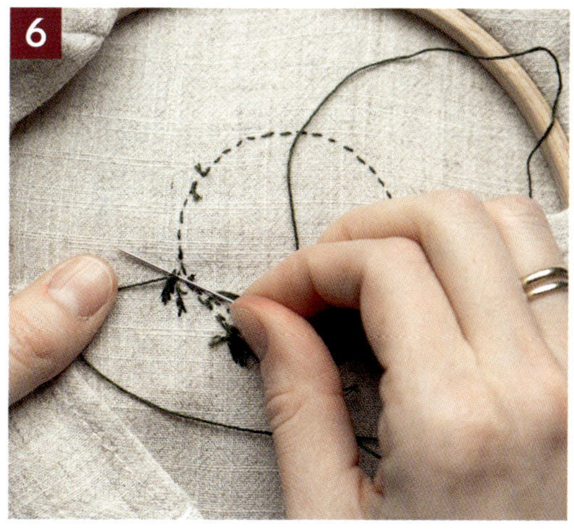

Vernähe auf der Rückseite sorgfältig, damit sich kein Faden lösen kann.

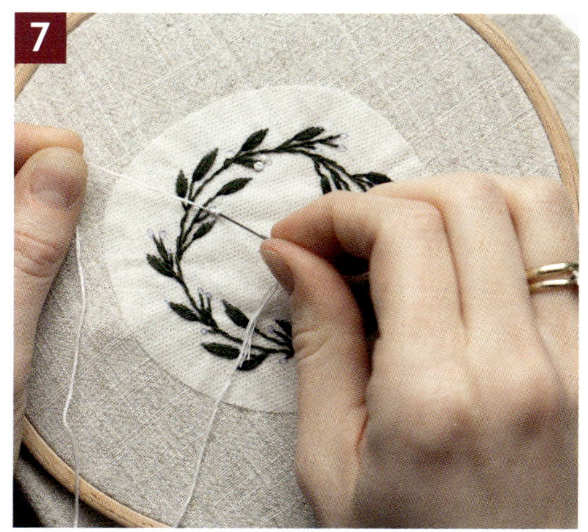

Die kleinen Beeren werden mit dem Knötchenstich gestickt (Seite 17). Den Faden dazu 1-2 mal um die Nadel wickeln.

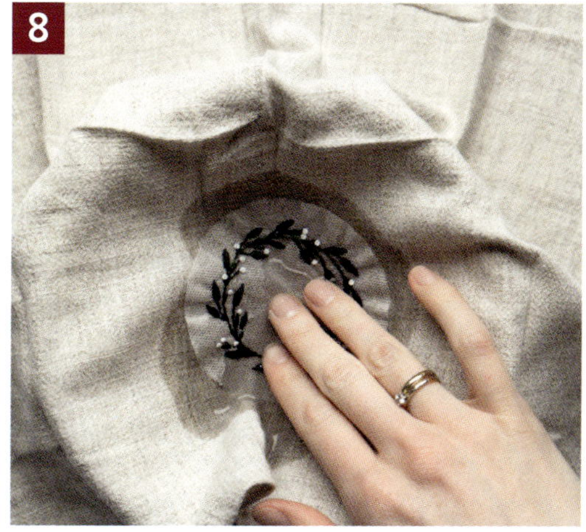

Das Solufix auswaschen, und fertig ist deine bestickte Serviette.

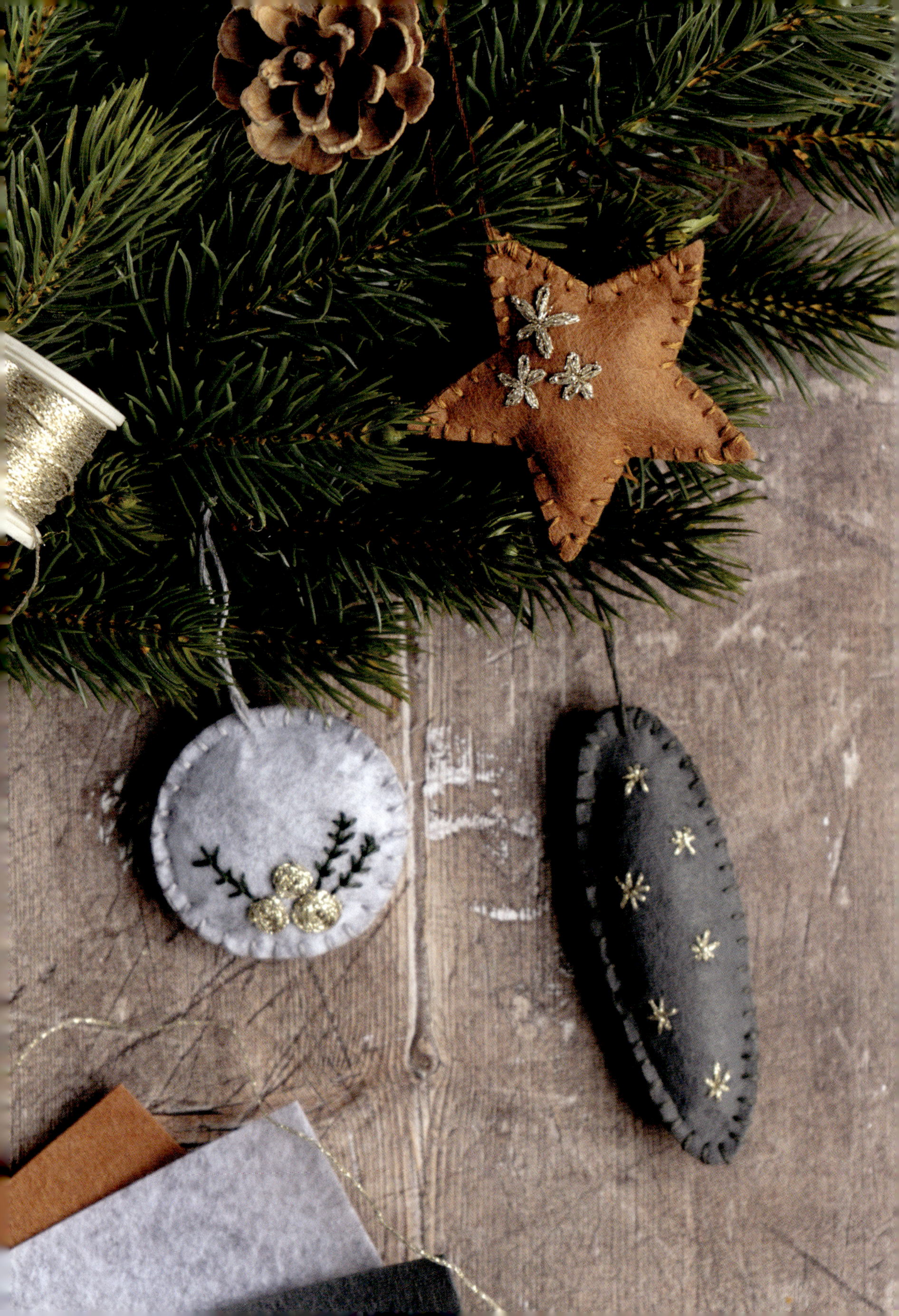

BAUMSCHMUCK aus Filz

Schwierigkeitsgrad
Nimm dir ein bisschen Zeit

Filz ist ein fantastisches Material zum Basteln, Nähen und auch zum Sticken. Mit ein wenig Watte lässt sich daraus wunderbar Baumschmuck kreieren. Ich zeige dir, wie es geht.

Material

- Nadeln MIT Spitze No. 18-22
- Stickschere
- Stoffschere
- Bastelfilz

- Sticktwist nach Wahl
Im Beispiel verwendet:
Anchor 00273, 00862,00901, Gold
DMC 3852

- Stickvorlage auf Seite 89

Stiche & Garnstärke

- Geradstich (6 bzw. doppelte Fäden)
- Margeritenstich (6 bzw. doppelte Fäden)
- Gewebte Rose (6 bzw. doppelte Fäden)
- Schlingstich (6 Fäden)

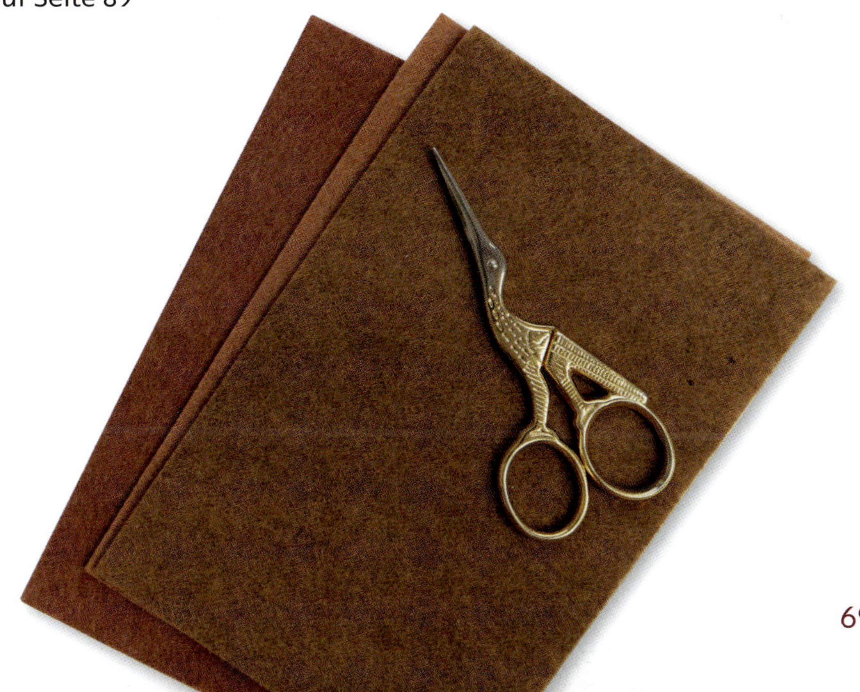

BAUMSCHMUCK AUS FILZ

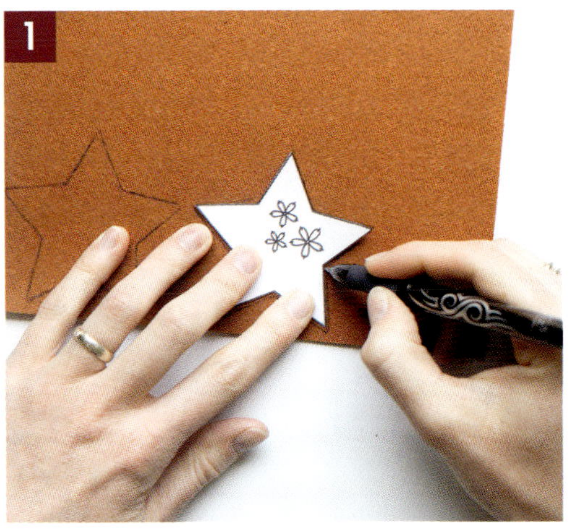

Kopiere die Vorlage von Seite 89 und schneide das Motiv an der Kontur aus. Anschließend das Motiv auf dem Filz positionieren und ausschneiden.

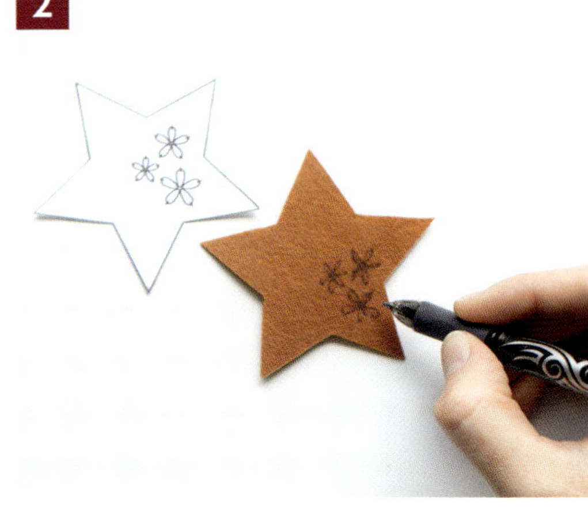

Die Stickvorlage kann von Hand nach der Vorlage übertragen werden.

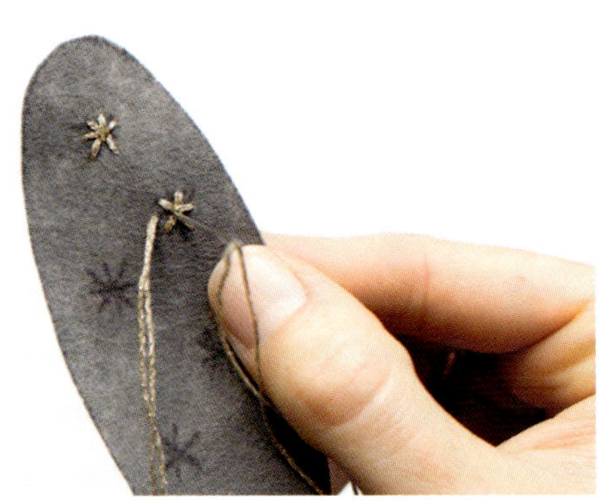

Die Sterne des Zapfens werden mit dem Geradstich gestickt (Seite 15). Dafür das goldene Garn doppelt legen.

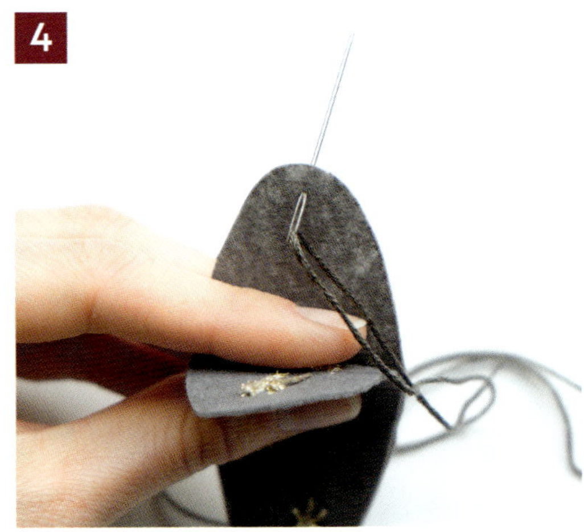

Jetzt werden beide Teile mit dem Schlingstich verbunden. Zuerst durch das hintere Teil (von innen nach außen) stechen und den Faden durchziehen.

5

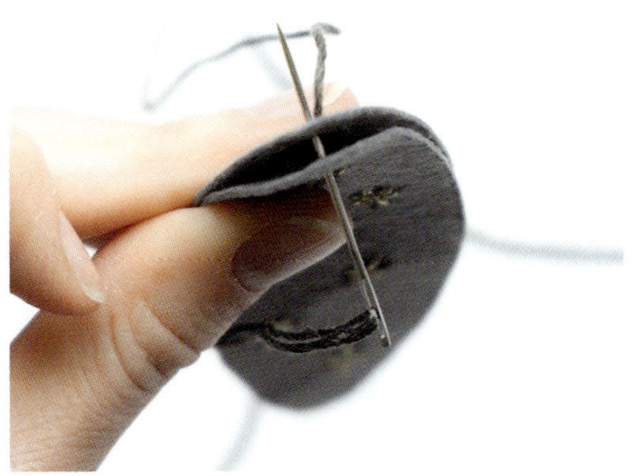

Jetzt die Teile aufeinanderlegen und die Nadel durch das Vorder- und Rückteil stechen. Dabei sollte die Nadel durch dieselbe Einstichstelle wie zuvor stechen.

6

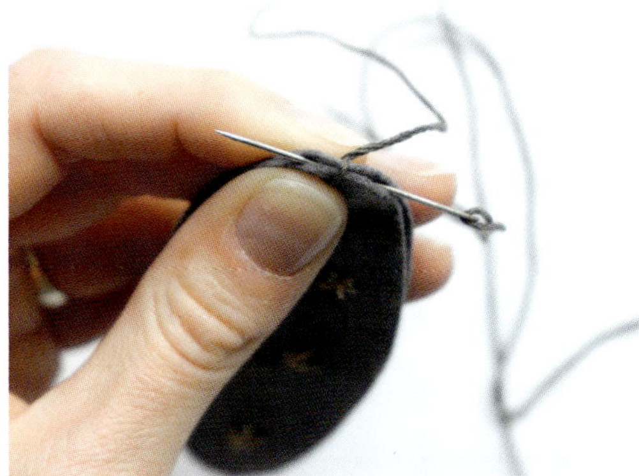

Schiebe die Nadel unter dem entstandenen Stich von rechts nach links zwischen Vorder- und Rückteil hindurch.

7

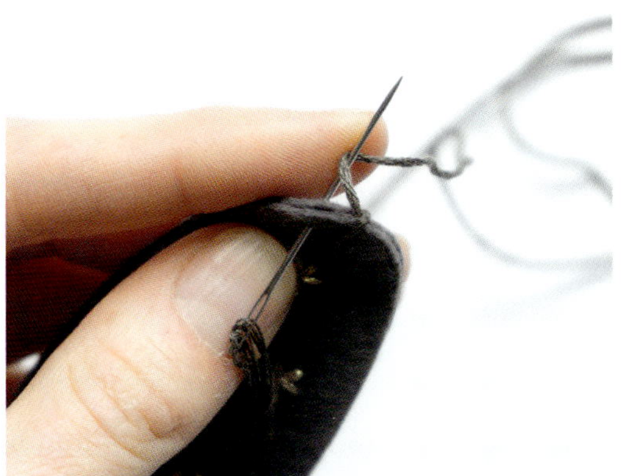

Jetzt die Nadel von vorne nach hinten durch den Stoff stechen und den Faden von rechts nach links um die Nadel legen.

8

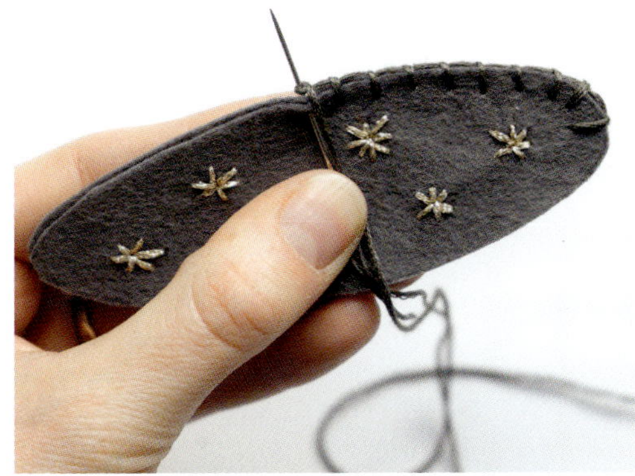

Mit dieser Technik arbeitest du rund um den Anhänger herum. Achte darauf, dass die Abstände der Stiche schön gleichmäßig sind.

9

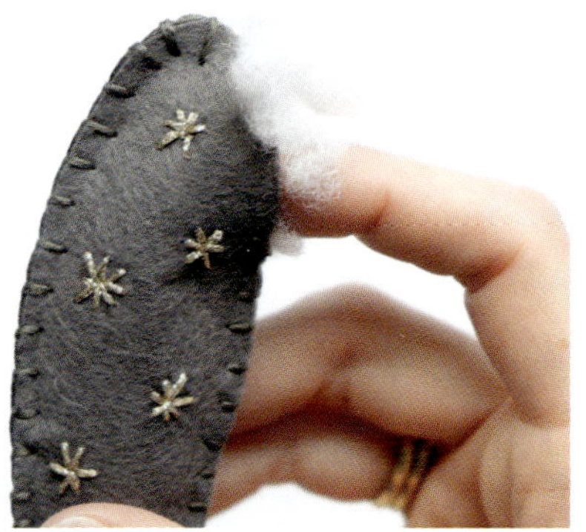

Etwa 3-4 cm vor dem Ende füllst du den Anhänger mit etwas Füllwatte. Achte darauf, die Watte bis in die Ecken zu arbeiten.

10

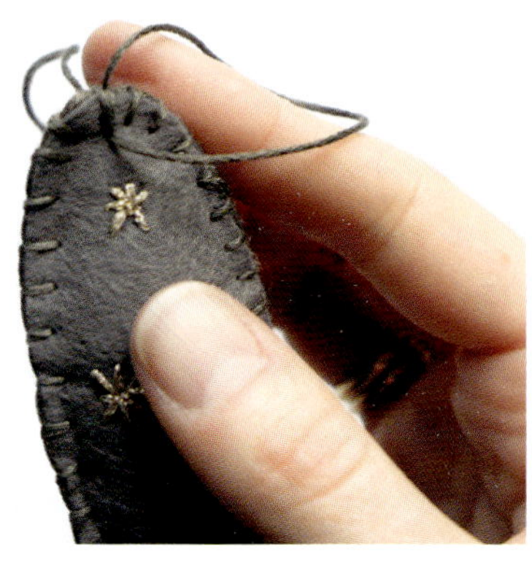

Wenn der Anhänger gut gefüllt ist, machst du mit dem Schlingstich bis zum Ende weiter.

11

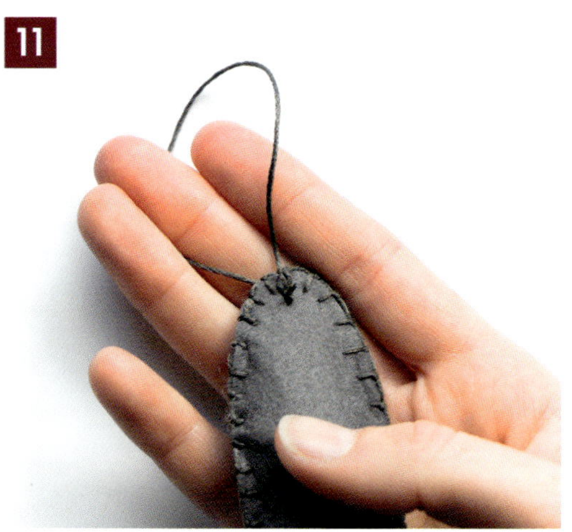

Am Ende angekommen stichst du die Nadel durch den 1. Stich und bildest mit dem Garn eine Schlaufe. Den Faden auf der Rückseite verknoten und zurückschneiden.

12

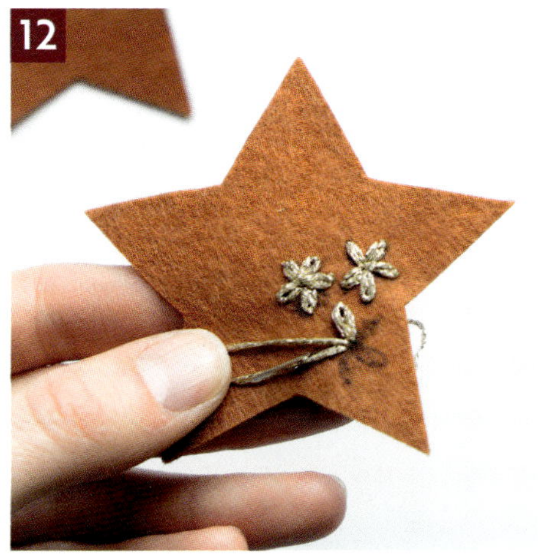

Für das Motiv auf dem Stern verwendest du den Margeritenstich und 6 Fäden Stickgarn oder 2 Fäden goldenes Effektgarn (Seite 17).

13

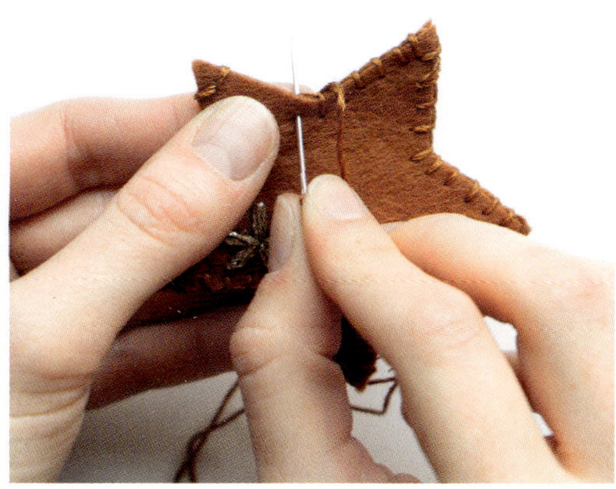

Arbeite mit dem Schlingstich um den ganzen Anhänger herum und fülle ihn mit Watte.

14

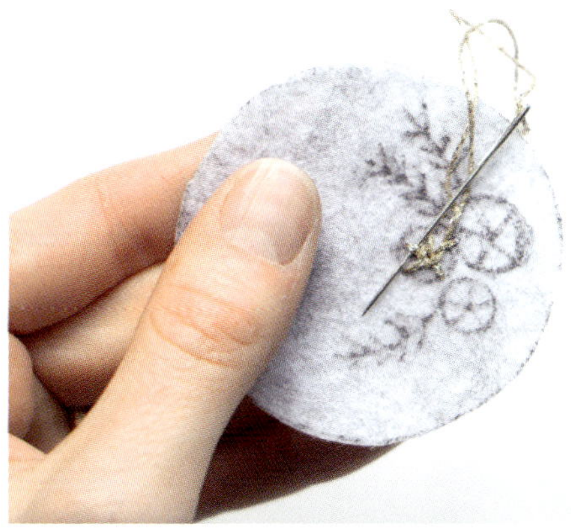

Für die Rosen auf dem runden Anhänger verwendest du die gewebte Rose (Seite 17) und 6 Fäden Stickgarn oder 2 Fäden goldenes Effektgarn.

15

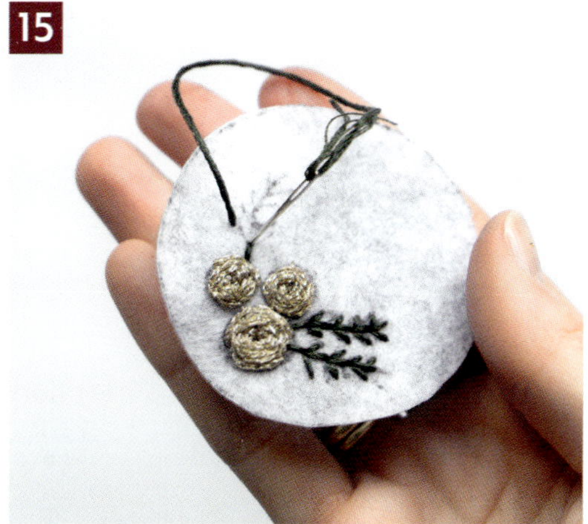

Die kleinen Zweige werden mit dem Geradstich gestickt (Seite 15).

16

Arbeite mit dem Schlingstich um den ganzen Anhänger herum und fülle ihn mit Watte.

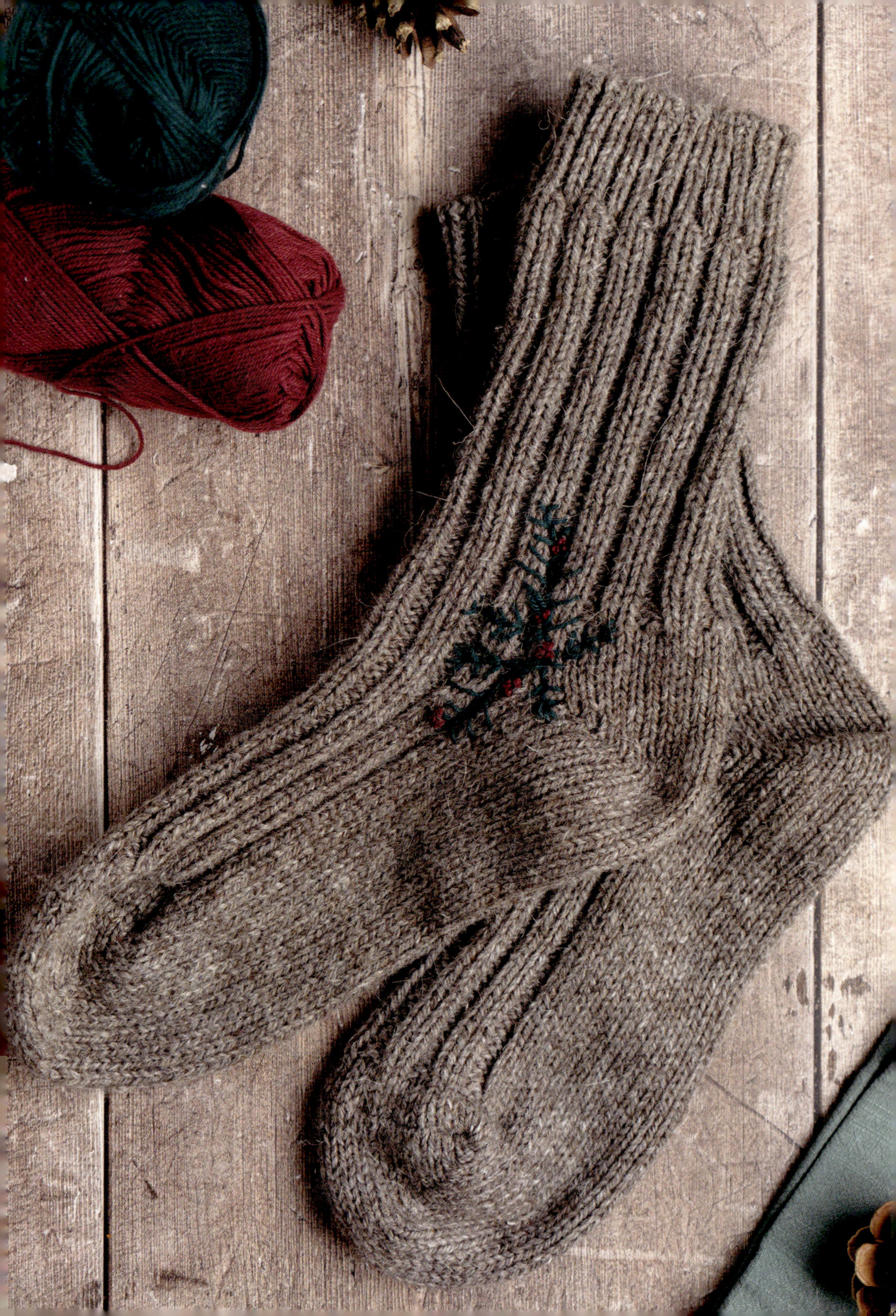

SOCKEN *besticken*

Schwierigkeitsgrad
Das schaffst du locker

Mollig warm soll es an den Füßen sein, aber bitte auch ein bisschen schick. Dicke Wollsocken eignen sich wunderbar zum Besticken. Gerade die Partie um den Knöchel sieht bestickt besonders schön aus und bietet sich für eine weihnachtliche Stickerei an.

Material

- Nadeln OHNE Spitze No. 24
- Stickschere
- Wollsocken
- Wasserlösliches Vlies (Solufix)
- dünnes Strickgarn

- Stickvorlage auf Seite 89

Stiche & Garnstärke

- Rückstich (1 Faden)
- Geradstich (1 Faden)
- Knötchenstich (1 Faden)

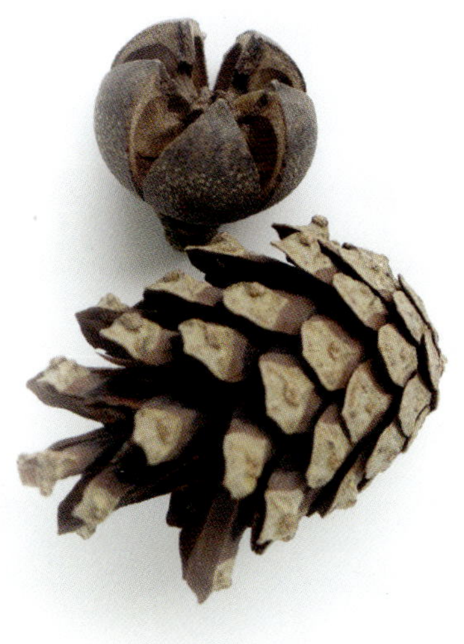

Tipp

Du solltest bei diesem Projekt die Fäden etwas lockerer sticken, damit sich die Socke beim Anziehen weiten kann. Ansonsten kann es passieren, dass der Faden reißt.

SOCKEN BESTICKEN

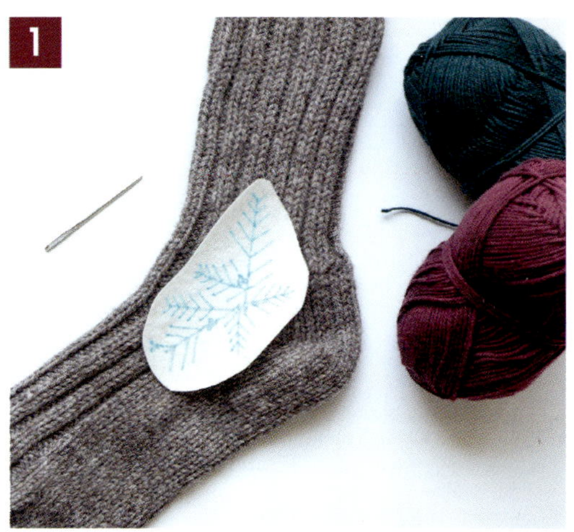

Übertrage die Vorlage auf das Solufix und positioniere das Motiv an der gewünschten Stelle. Entferne die Schutzfolien und klebe die Vorlage fest.

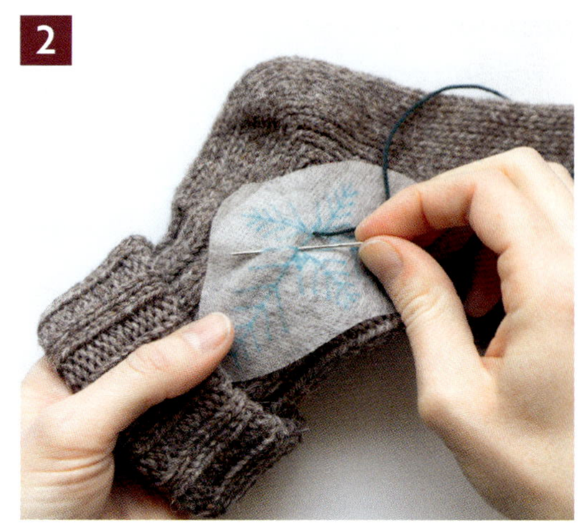

Da ohne Stickrahmen gearbeitet wird, ist es sinnvoll, mit der Nadel in einem Schritt den Einstich- und Ausstichpunkt zu setzen.

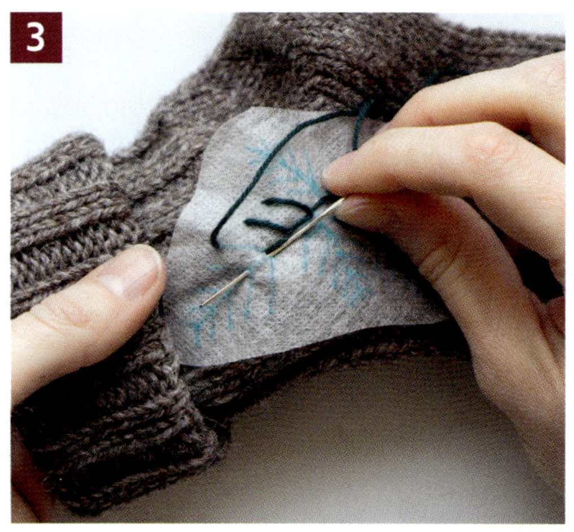

So lassen sich der Rückstich und der Geradstich in einem Schritt kombinieren. Du kannst natürlich auch jeden Stich einzeln setzen (Seite 15).

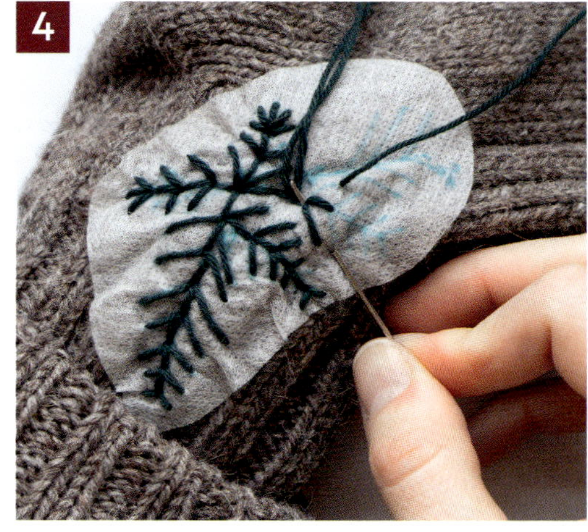

Hier siehst du, wie der Geradstich gestochen wird und dabei gleich den nächsten Austrittspunkt durchsticht.

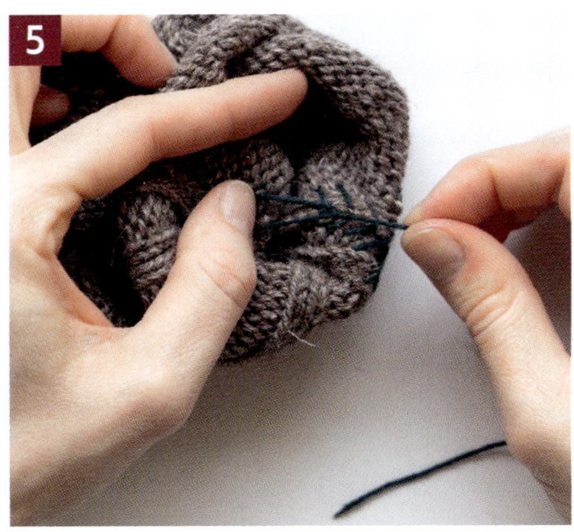

Verknote oder vernähe den Faden auf der Innenseite sorgfältig.

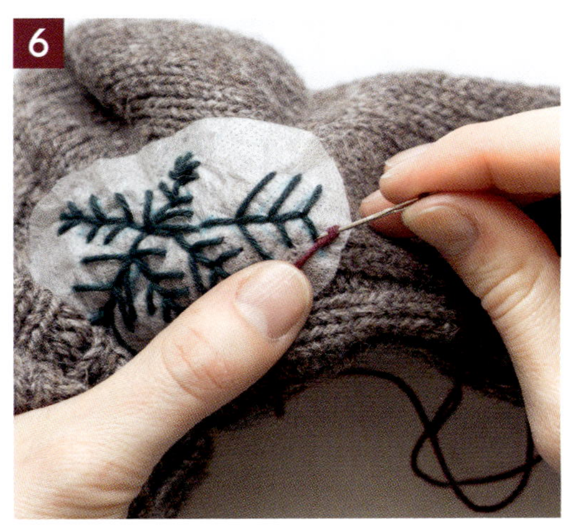

Die kleinen Beeren werden mit dem Knötchenstich gestickt. Den Faden 1-2 mal um die Nadel wickeln (Seite 19).

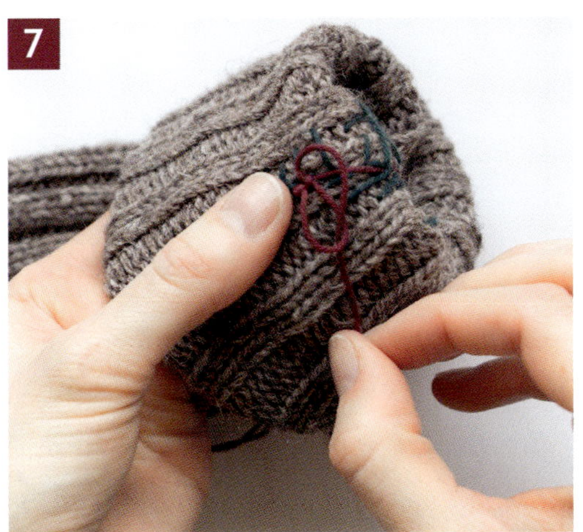

Dann den Faden auf der Innenseite verknoten.

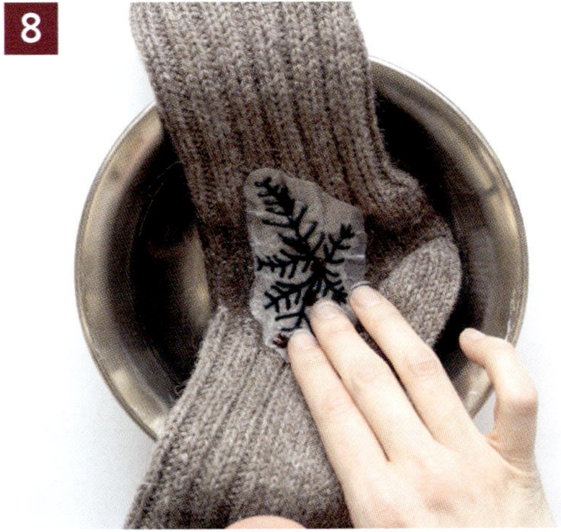

Das Solufix auswaschen, und fertig ist deine kuschelige Wollsocke mit Festtagsstickerei.

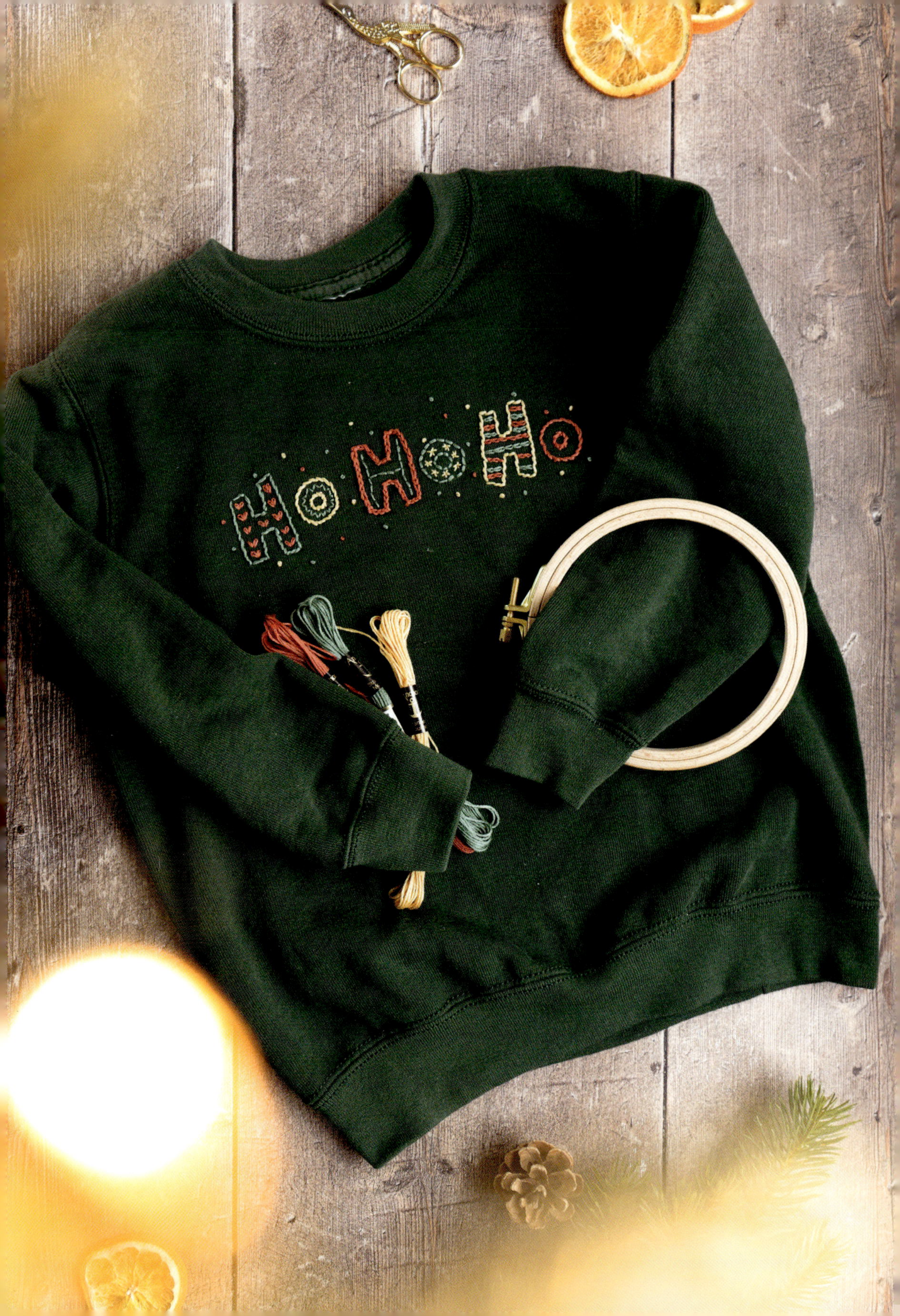
HoHoHo

SWEATSHIRT *besticken*

Schwierigkeitsgrad
Nimm dir ein bisschen Zeit

Du suchst nach einem Projekt, das perfekt für die Vorweihnachtszeit geeignet ist? Dann ist der HO HO HO Sweater genau das Richtige. Das Motiv ist nicht nur für einen Kinderpullover geeignet und hält viele tolle Stickstiche für dich bereit.

Material

- Nadeln OHNE Spitze No. 18-24
- Stickschere
- Sweatshirt
- Stickrahmen (16 cm) Nr. 3
- Wasserlösliches Vlies (Solufix)
- Elastisches Vlies (H609)

- Sticktwist nach Wahl
Im Beispiel verwendet:
Anchor 00216, 00891, 05975

- Stickvorlage auf Seite 85

Stiche & Garnstärke

- Stielstich (6 Fäden)
- Margeitenstich (3 Fäden)
- Geradstich (3 Fäden)
- Kettstich (3 und 6 Fäden)
- Rückstich (3 und 6 Fäden)
- Knötchenstich (6 Fäden)

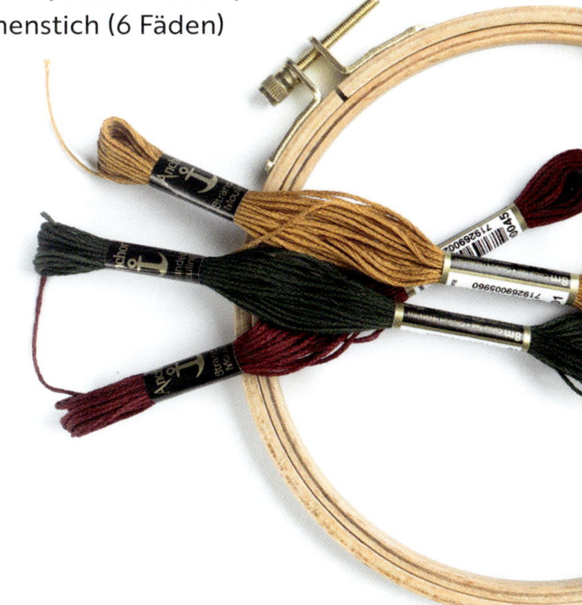

Tipp

Für das Projekt solltest du bewusst einen kleineren Rahmen verwenden. Du musst dann während der Arbeit den Stickrahmen mehrmals versetzen, dadurch erhältst du aber mehr Spannkraft im Stoff, was das Sticken leichter macht.

SWEATSHIRT BESTICKEN

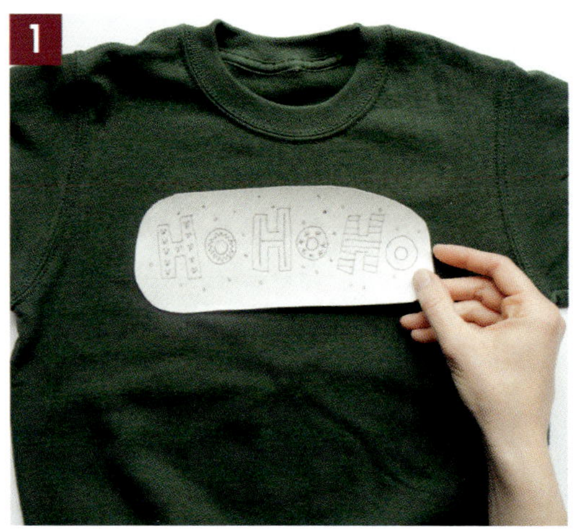

Übertrage das Motiv auf ein passendes Stück Solufix und positioniere es an der gewünschten Stelle. Entferne die Folie und klebe das Vlies auf.

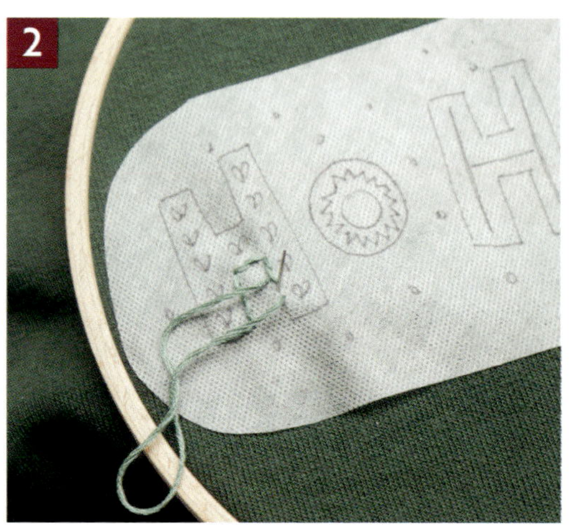

Spanne den Stoff in den Stickrahmen. Siehe Tipp Seite 79. Die 1. Kontur stickst du mit dem Stielstich (Seite 16).

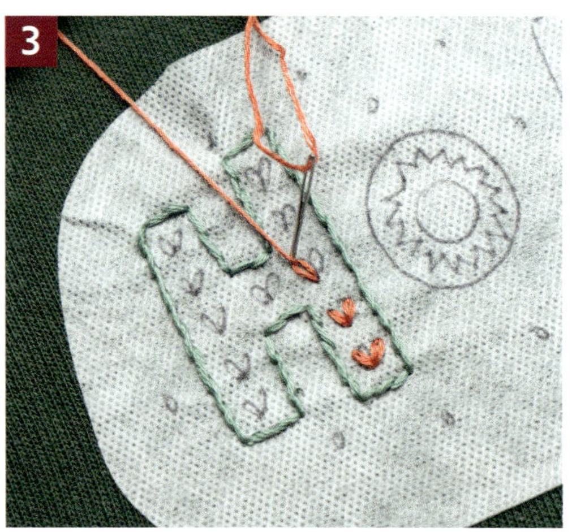

Die kleinen Herzen in der Mitte stickst du mit dem Margeritenstich (Seite 17). Jedes Herz entsteht aus 2 Margeritenstichen, die sich in der unteren Mitte treffen. Verwende dafür 3 Fäden.

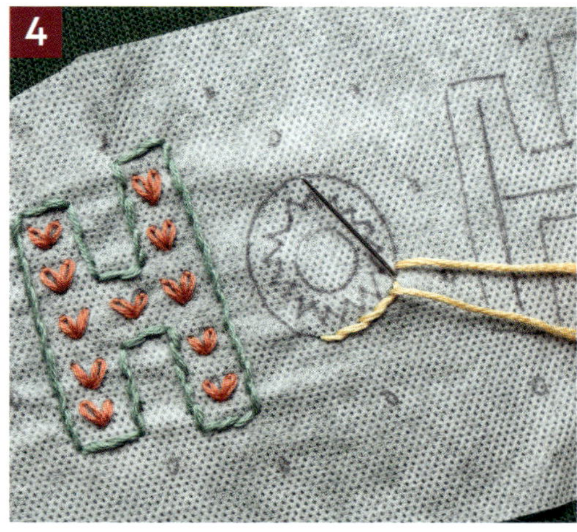

Diese Kontur stickst du wieder mit dem Stielstich und 6 Fäden.

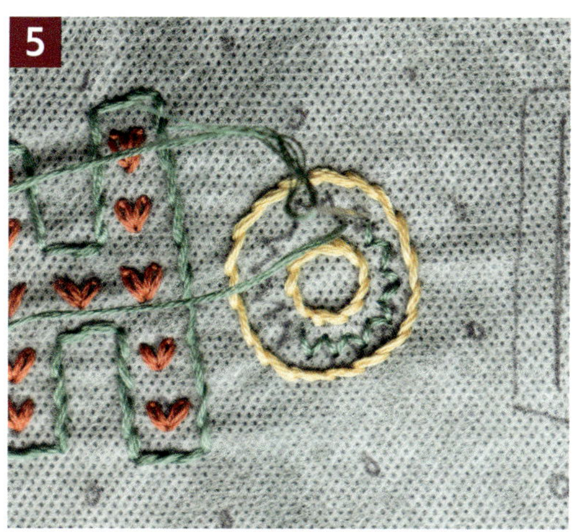

Für das innere Zackenmuster verwendest du den Geradstich und 3 Fäden.

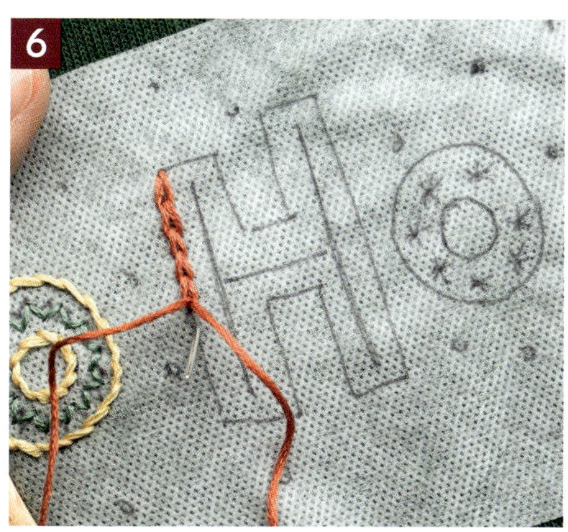

Diese Kontur stickst du mit dem Kettstich und 6 Fäden (Seite 17).

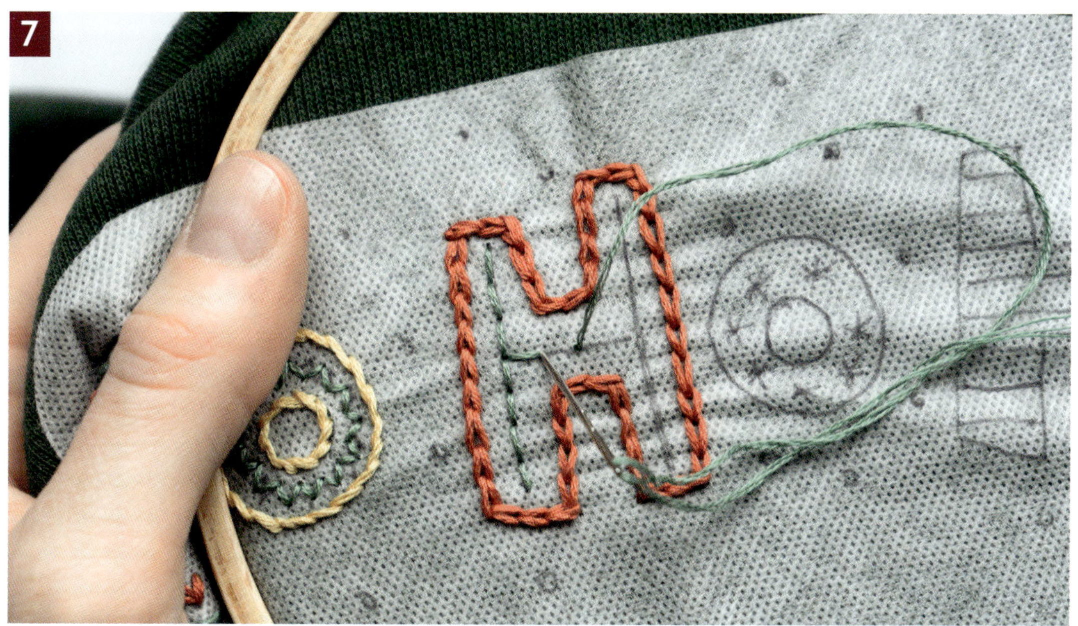

Die inneren Linien werden mit dem Rückstich und 3 Fäden gestickt.

SWEATSHIRT BESTICKEN

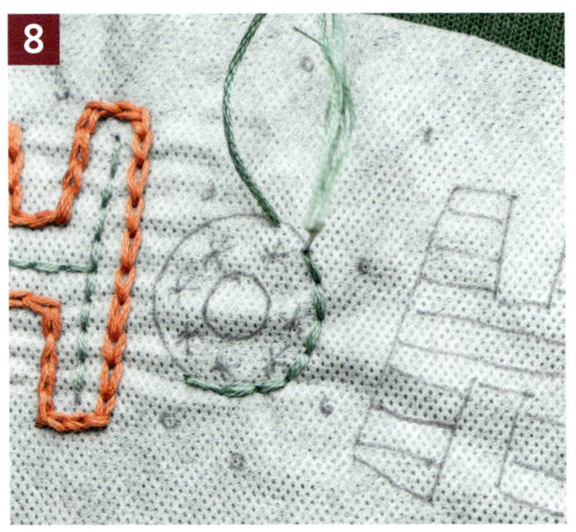

Diese Kontur wird jetzt mit dem Rückstich und 6 Fäden gestickt.

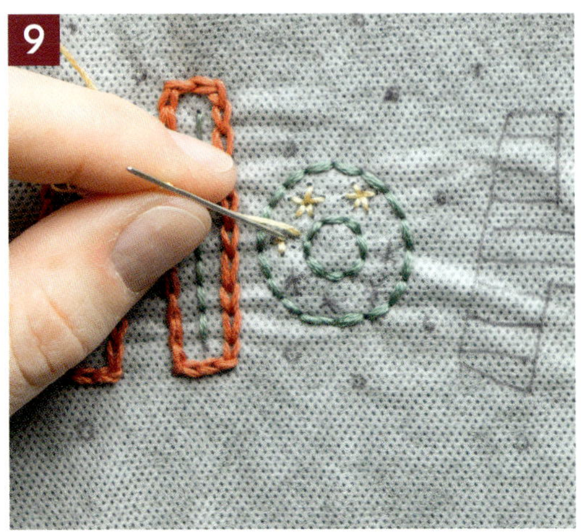

Für die kleinen Sterne innerhalb der Kontur verwendest du wieder den Geradstich und 3 Fäden.

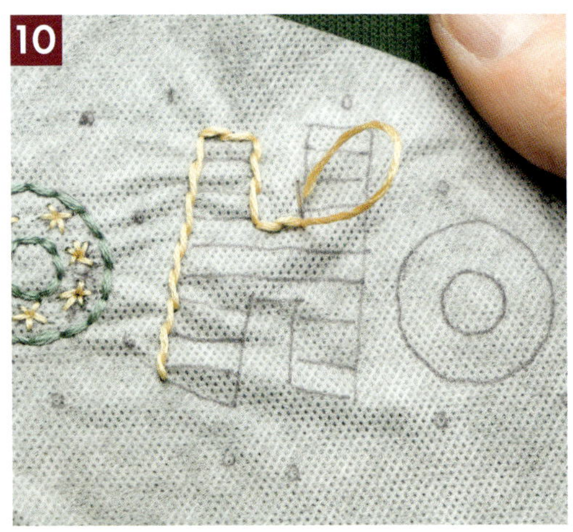

Die nächste Kontur stickst du mit dem Stielstich und 6 Fäden.

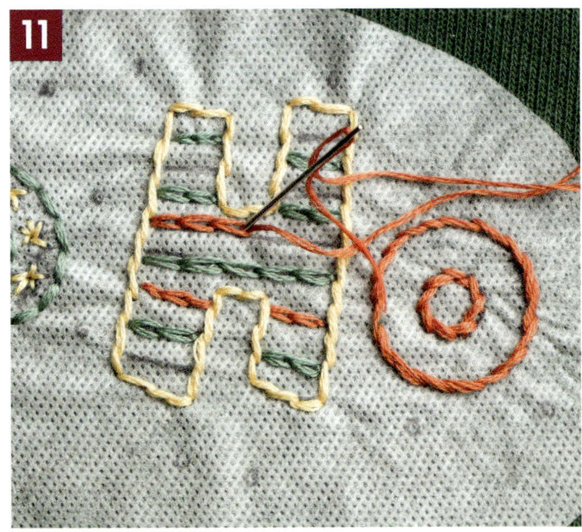

Die inneren Linien werden jetzt mit dem Kettstich und mit 3 Fäden gestickt.

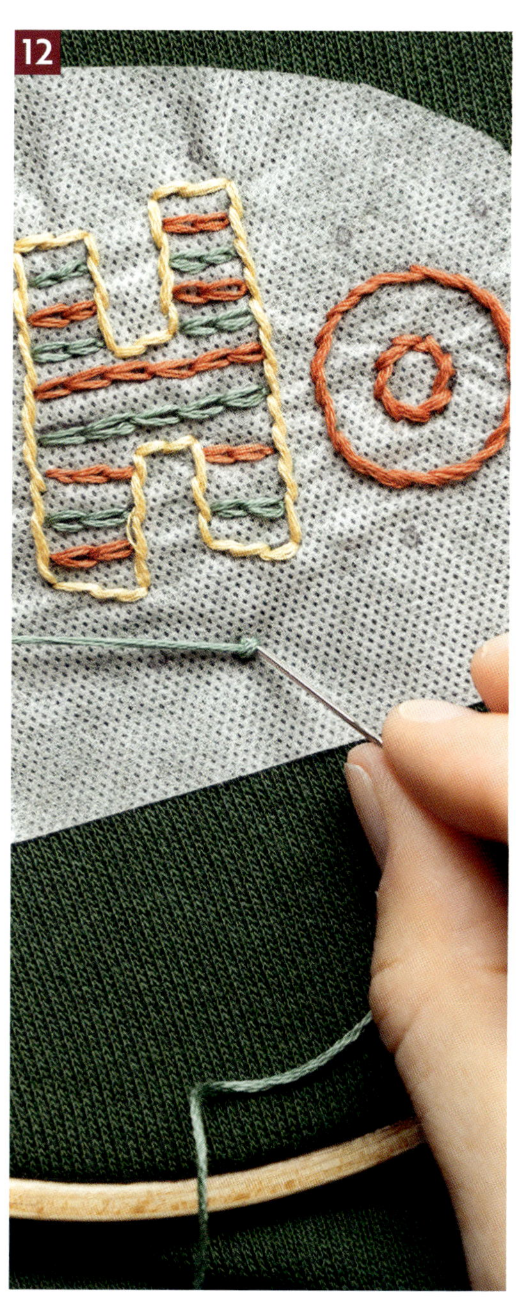

12

Zu guter Letzt stickst du mit dem Knötchenstich die bunten Punkte um den Schriftzug (Seite 17).

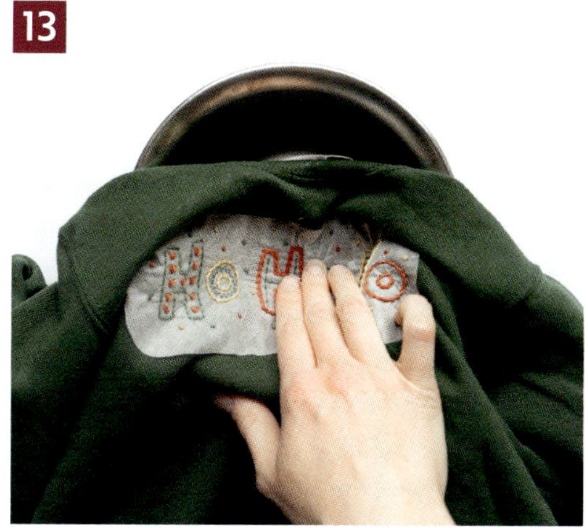

13

Das Solufix auswaschen und das Sweatshirt gut trocknen lassen.

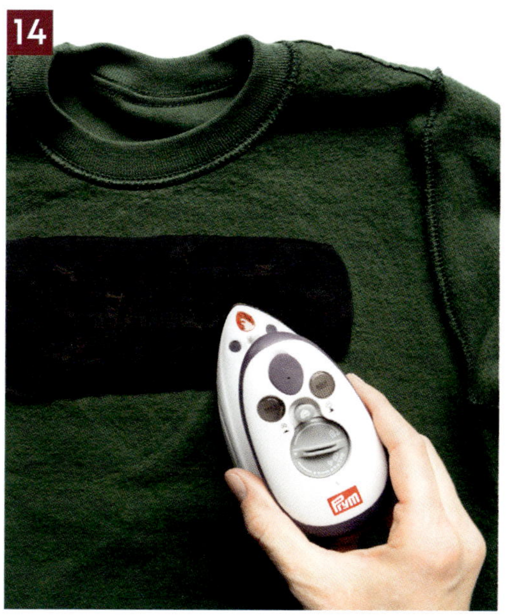

14

Um die Fadenenden auf der Rückseite der Stickerei zu schützen, empfehle ich dir ein elastisches Vlies aufzubügeln (H609).

Mini-Stickrahmen-Anhänger Seite 37

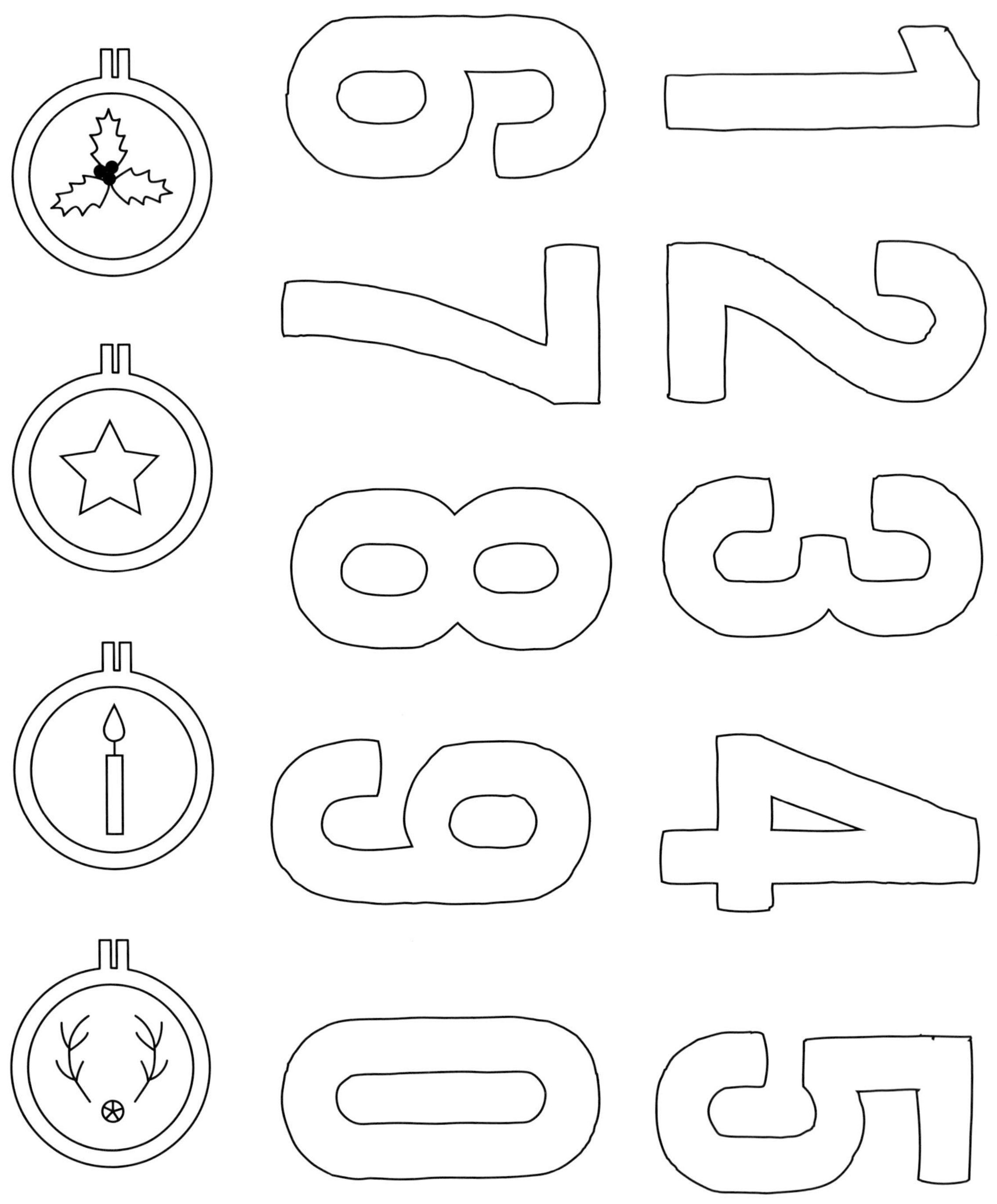

Adventskalender besticken Seite 19

Nikolausstrumpf besticken Seite 29

Sweatshirt besticken Seite 79

Geschenkanhänger Seite 55

Geschenkbeutel besticken
Seite 49

MERRY
Christmas

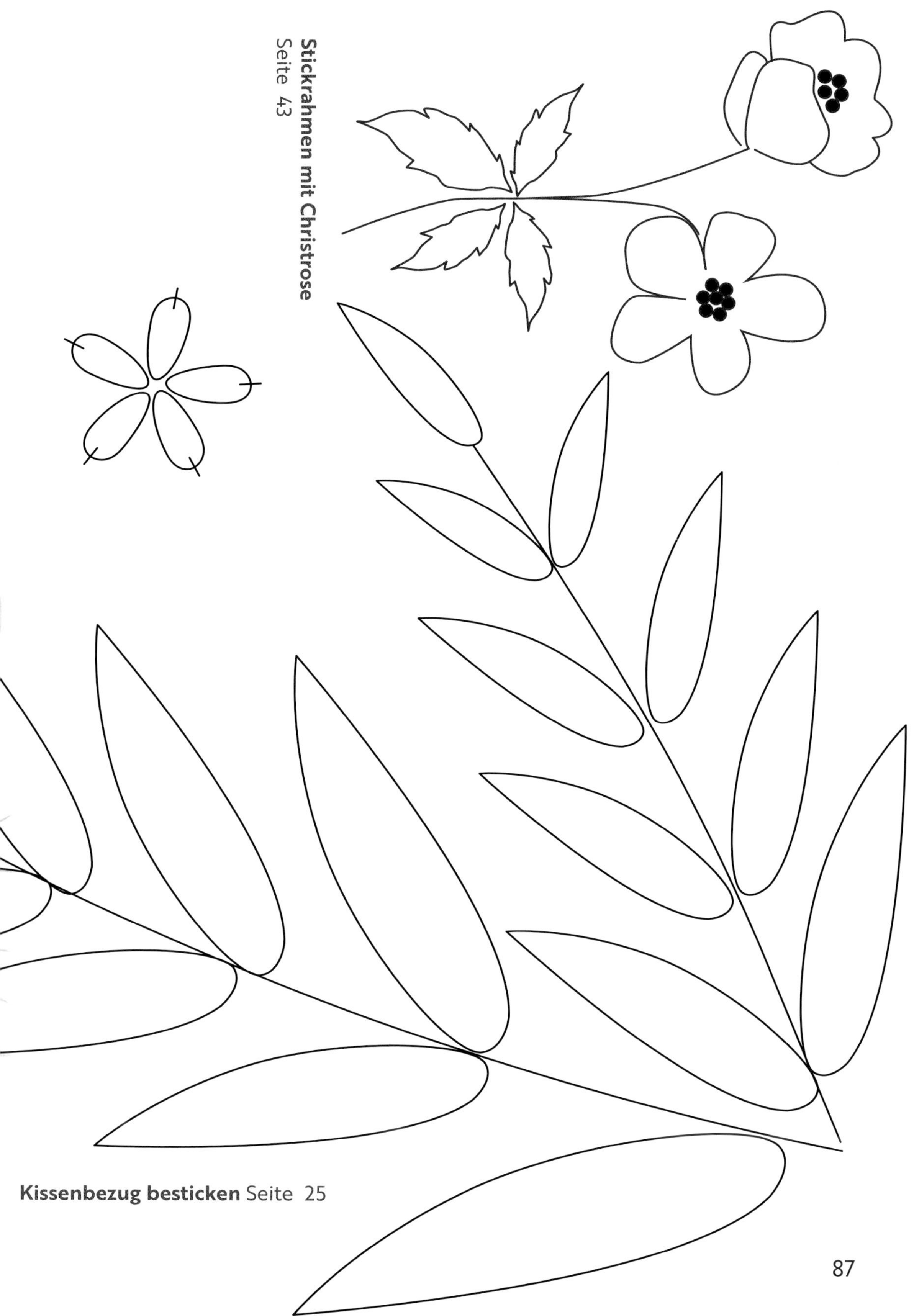

Stickrahmen mit Christrose Seite 43

Kissenbezug besticken Seite 25

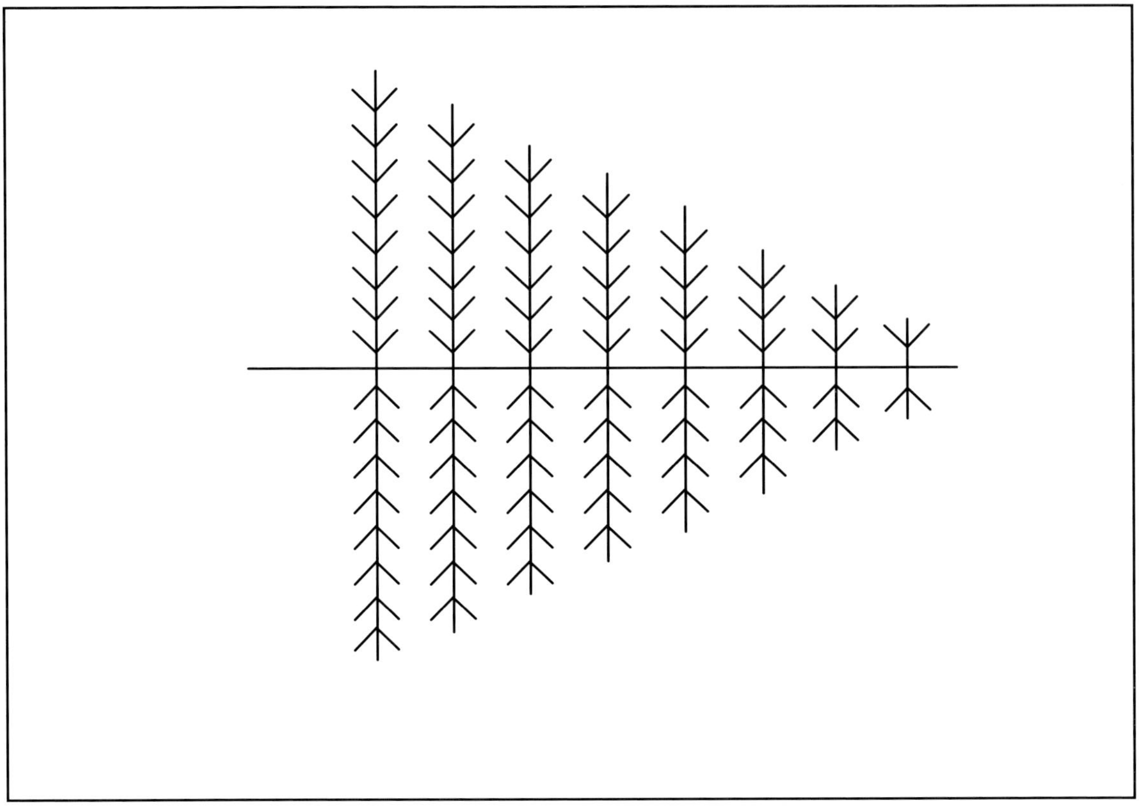

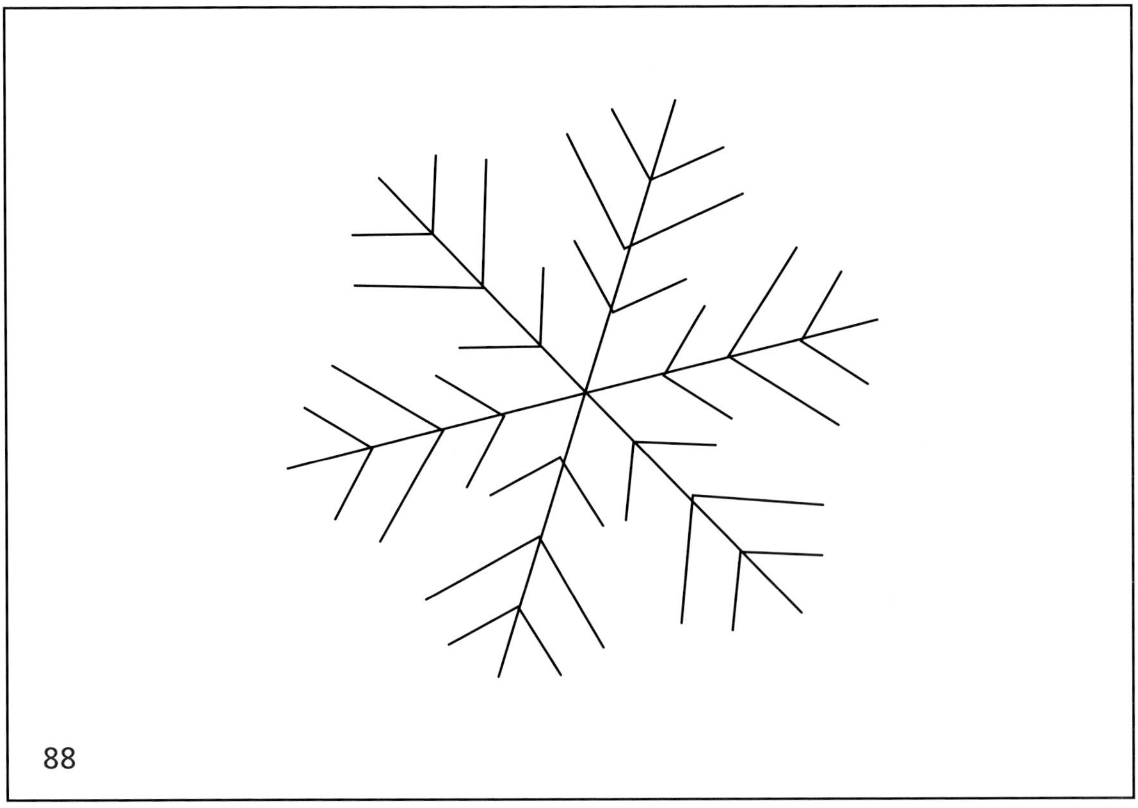

Baumschmuck aus Filz Seite 69

Serviette besticken Seite 65

Socken besticken Seite 75

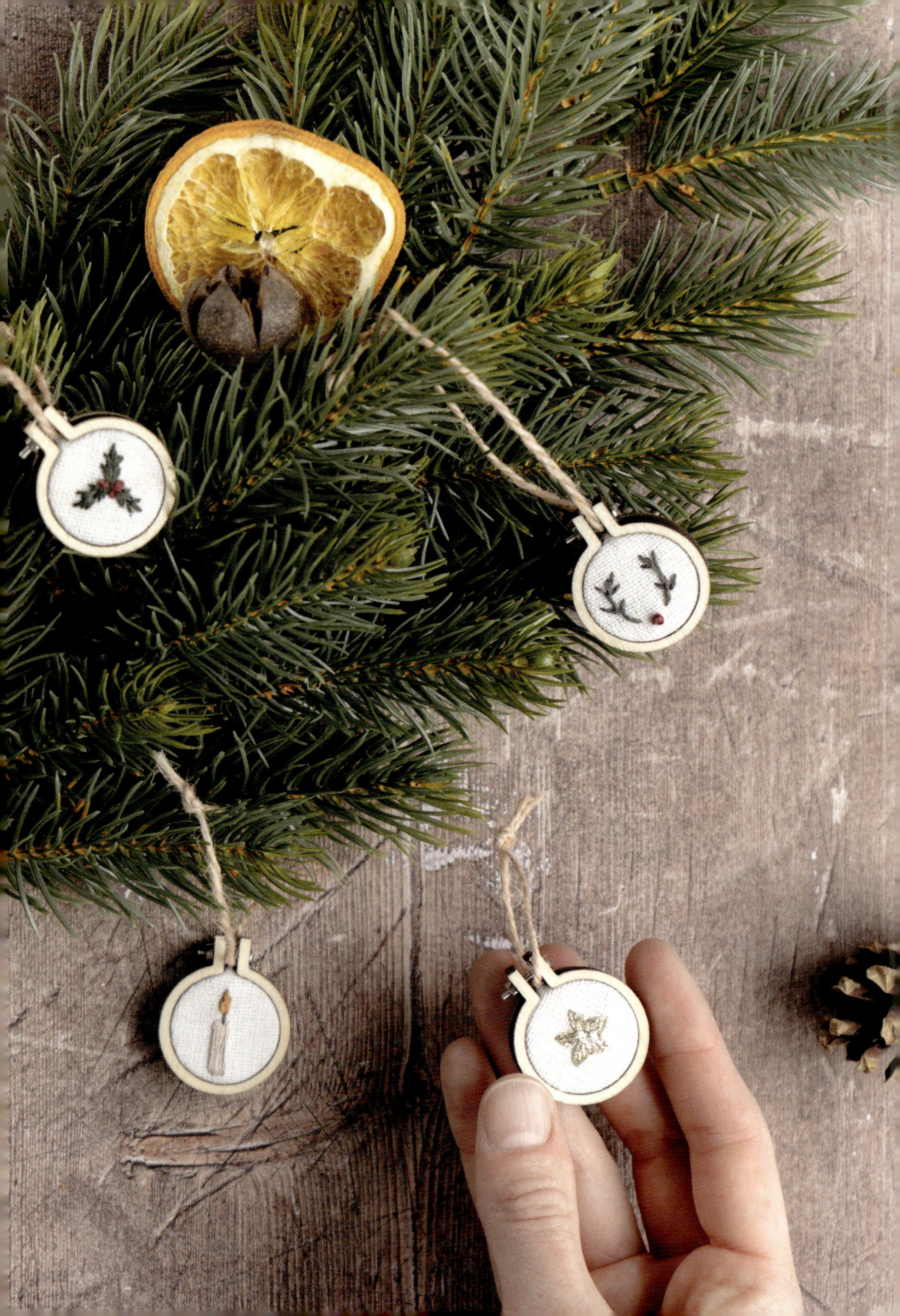

DANKSAGUNG

Mein Dank richtet sich an die Menschen, die mich stets mit voller Unterstützung auf meinem Weg begleiten und mit mir lachen, wenn ich für dieses Buch im Mai einen Adventskalender besticke.

Ein weiterer Dank richtet sich an den Christophorus Verlag dafür, die Idee für dieses Buch gemeinsam mit mir umgesetzt zu haben.

Für die freundliche Verfügungstellung der Materialien bedanke ich mich herzlich bei:

Prym Consumer Europe GmbH 2022
www.prym.de

BEZUGSQUELLEN

www.prym.de
Nadeln, Stickrahmen, Kleber, Transferpapier, Bügeleisen, Stoffe, Trickmarker, Scheren, Vlies, Tüll

www.handarbeitswaren.de
Stickgarne von Anchor

www.selfmade.com
Strickgarn

www.amazon.de
Nikolausstrumpf, Adventskalender-Säckchen, Kissenbezug, Geschenkbeutel, Sweatshirt, Wollsocken, Stoffservietten, Mini-Stickrahmen, DIN A6 Klappkarten, Bastelfilz, Dekorationsmaterial

IMPRESSUM

Autorin: Louise Lemke
Entwürfe, Fotos & Layout: Louise Lemke
Projektmanagement & Lektorat:
Stephanie van der Linden
Umschlaggestaltung: Louise Lemke
Korrektorat: Anna Maier
Repro: LUDWIG:media
Herstellung: Kathleen Baumann
Printed in Slovenia by Florjancic

★★★★★

Sind Sie mit diesem Titel zufrieden? Dann würden wir uns über Ihre Weiterempfehlung freuen. Erzählen Sie es im Freundeskreis, berichten Sie Ihrem Buchhändler oder bewerten Sie bei Onlinekauf. Und wenn Sie Kritik, Korrekturen, Aktualisierungen haben, freuen wir uns über Ihre Nachricht an: Christian Verlag, Postfach 40 02 09, D-80702 München oder per E-Mail an lektorat@verlagshaus.de.

Unser komplettes Programm finden Sie unter

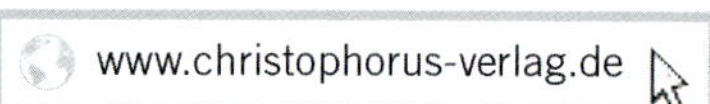

Die Deutsche Nationalbibliothek verzeichnet diese Publikation in der Deutschen Nationalbibliografie; detaillierte bibliografische Daten sind im Internet über www.dnb.de abrufbar.

Infanteriestraße 11a
D 80797 München

ISBN 978-3-8410-6727-2

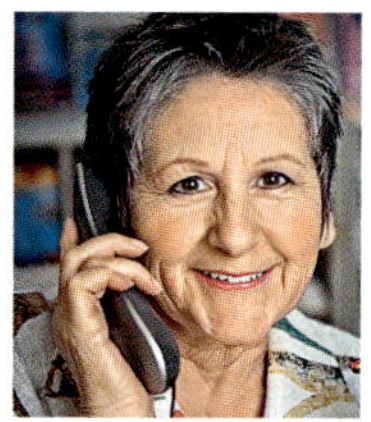

Kreativ-Service

Sie haben Fragen zu den Büchern und Materialien? Frau Erika Noll ist für Sie da und berät Sie rund um alle Kreativthemen. Rufen Sie an! Wir interessieren uns auch für Ihre eigenen Ideen und Anregungen. Sie erreichen Frau Noll per E-Mail: kreativ-service@c-verlag.de oder Tel.: +49 (0) 89. 13 06 99 - 577.

Besuchen Sie uns im Internet: www.christophorus-verlag.de & www.selbstgemacht.de

Ebenfalls erhältlich ...

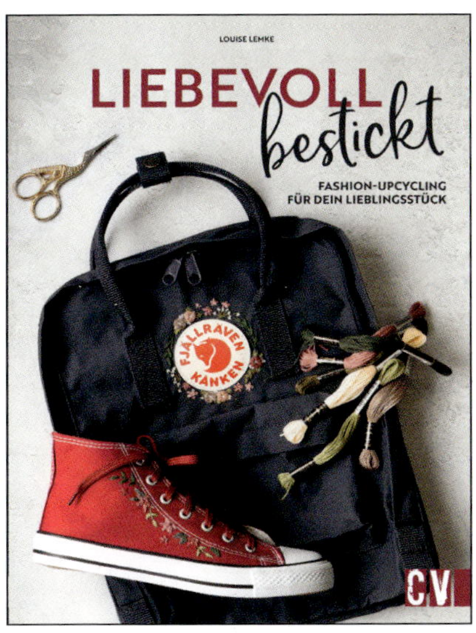

ISBN 978-3-8410-6697-8

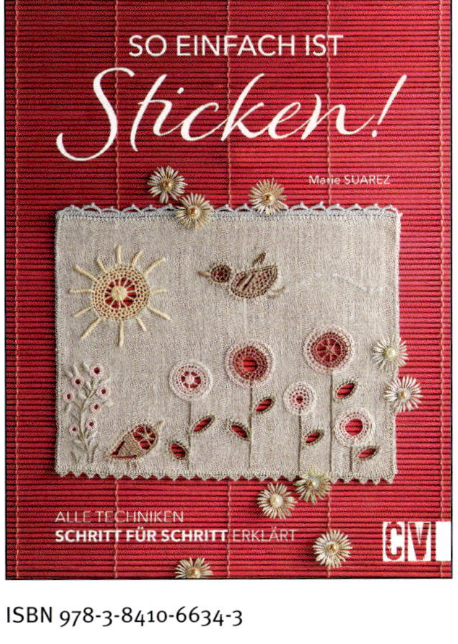

ISBN 978-3-8410-6634-3

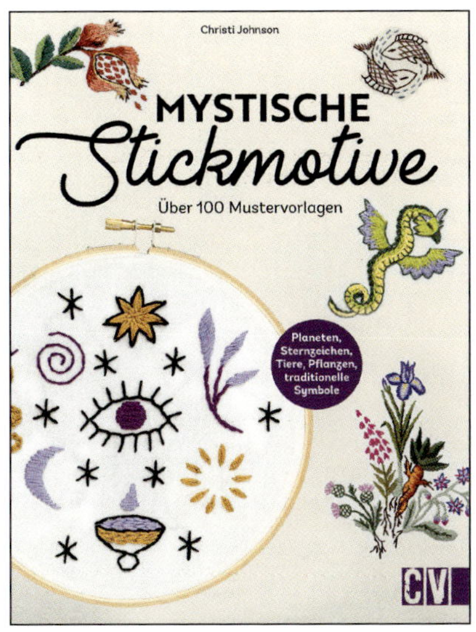

ISBN 978-3-8410-6684-8

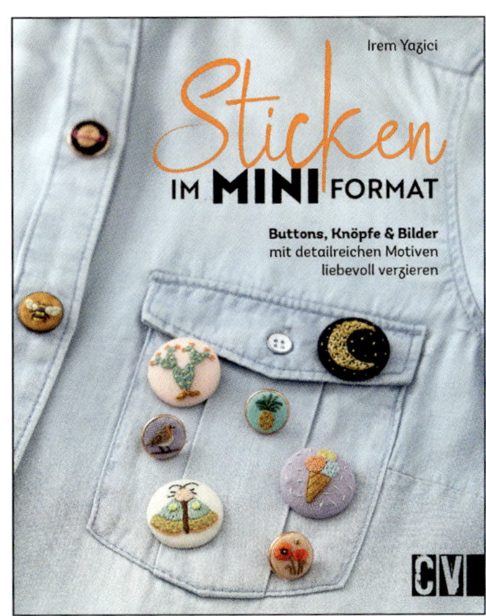

ISBN 978-3-8410-6647-3

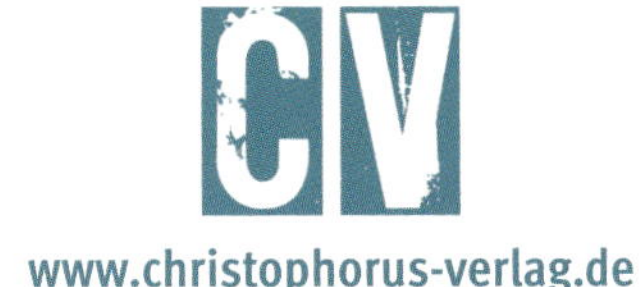

www.christophorus-verlag.de